KULTURWISSENSCHAFT(EN)
ALS INTERDISZIPLINÄRES PROJEKT 1

Hrsg. von
Jürgen Joachimsthaler und Eugen Kotte

Jürgen Joachimsthaler,
Eugen Kotte (Hrsg.)

Kulturwissenschaft(en) in der Diskussion

Martin Meidenbauer »

Jürgen Joachimsthaler ist in über 200 Publikationen als interdisziplinär arbeitender Literatur- und Kulturwissenschaftler hervorgetreten.

Prof. Dr. Eugen Kotte ist Leiter des Bereichs Didaktik der Geschichte mit dem fachlichen Schwerpunkt Neuere und Neueste deutsche und europäische Geschichte an der Hochschule Vechta.

Die Deutsche Bibliothek verzeichnet diese Publikation in der Deutschen Nationalbibliografie; detaillierte bibliografische Daten sind im Internet über http://dnb.ddb.de abrufbar.

© 2008 Martin Meidenbauer Verlagsbuchhandlung, München

Umschlagabbildung: Camille Flammarion: Die Atmosphäre (1888)

Alle Rechte vorbehalten. Dieses Werk einschließlich aller seiner Teile ist urheberrechtlich geschützt. Jede Verwertung außerhalb der Grenzen des Urhebergesetzes ohne schriftliche Zustimmung des Verlages ist unzulässig und strafbar. Das gilt insbesondere für Nachdruck, auch auszugsweise, Reproduktion, Vervielfältigung, Übersetzung, Mikroverfilmung sowie Digitalisierung oder Einspeicherung und Verarbeitung auf Tonträgern und in elektronischen Systemen aller Art.

Printed in Germany

Gedruckt auf chlorfrei gebleichtem, säurefreiem und alterungsbeständigem Papier (ISO 9706)

ISBN 978-3-89975-113-0

Verlagsverzeichnis schickt gern:
Martin Meidenbauer Verlagsbuchhandlung
Erhardtstr. 8
D-80469 München

Inhaltsverzeichnis

Vorbemerkung.. 7

Wolfgang E. J. Weber: *Historische Kulturwissenschaft(en): Bestandsaufnahme – Kritik – Entwicklungsperspektiven*............................ 13

Katharina Keim: *Spielformen der Mehrsprachigkeit im zeitgenössischen deutschen Theater – performative Transformation oder Affirmation national definierter Theaterkultur-Begriffe?*........................ 29

Jürgen Joachimsthaler: *Der Kultur-Innenraum*................................. 47

Eugen Kotte: *Geschichtskultur am Beispiel mitteleuropäischer Historienliteratur*.. 73

Frank M. Schuster: *Klio verwirrt: zwischen Kulturschock, Konfabulation, Amnesie und Hysterie. Überlegungen zu Kultur, Erinnerung, Geschichte und Literatur*.. 95

Jörg Wormer: *Landeskunde und Kulturwissenschaft(en). Zur Genese familienähnlicher Wissenschaftskonzeptionen*................................. 111

Wolfgang Hieber: *10 Thesen zum Kulturbegriff am praktischen Beispiel des Online-Projekts KALEIDOSKOP – ALLTAG IN DEUTSCHLAND (www.kaleidos.de)*... 137

Jürgen Joachimsthaler / Eugen Kotte: *Kulturwissenschaft(en) in der Diskussion. Versuch einer Bilanz*.. 151

Vorbemerkung

SEIT über zwei Jahrzehnten wird im Rahmen der Diskussion um die „Kulturwissenschaft(en)", die vor allem durch Impulse aus dem anglo-amerikanischen und französischen Bereich angestoßen worden ist, an der Konstruktion eines inter- und überdisziplinären Metafaches gearbeitet, dessen Bezeichnung polyvalente Verständnisse hervorruft. Der häufige Gebrauch des Begriffs „Kulturwissenschaft(en)" wirkt als begriffliche und methodische Inflation, die zwar einerseits ein hohes Anregungspotential enthält und zu metaphorisierendem Formulierungszauber entlang modisch vorgegebener Artikulationsschienen einlädt, als Benennung einer wissenschaftlichen (Meta-)Disziplin jedoch, die noch der geistigen Systematisierung und didaktischen Formung bedarf und im Hinblick auf eine elaborierte kritische Methodik bisher oft als defizitär erscheint, trotz aller Institutionalisierungsfortschritte nur unzureichend Konturen aufweist. Das Etikett „Kulturwissenschaft" wird einerseits als Überbegriff für sich kulturwissenschaftlich definierende Fächer verwendet und andererseits für kaum noch überschaubare fachspezifische Diskussionen, deren Echo überdisziplinär nachhallt, die letztlich aber häufig nur aus genauer Kenntnis jeweiliger disziplinärer Konstellationen und Traditionen verständlich sind. Der Terminus ist auf diese Weise zu einem Schlagwort geworden, das maßgeblich durch eine semantische Ungenauigkeit geprägt ist, die eine Vielzahl unterschiedlichster, bisweilen gar widersprüchlicher Verwendungsweisen in verschiedensten (Teil-)Öffentlichkeiten zulässt. Preis dieser Indifferenz ist ein bisweilen artikulierter Vorbehalt gegen das als verschwommen, beliebig oder auch nur modisch apostrophierte Label „Kulturwissenschaft".

Umgekehrt erlaubt die aus unterschiedlichsten Kontexten und entsprechenden Funktionen hervorgehende Unbestimmtheit des Begriffs überhaupt erst, ihn für derart disparate Zusammenhänge zu adaptieren und so mit seiner Hilfe oberhalb der verschiedenen Spezialgebiete einen Diskursraum namens „Kulturwissenschaft" zu eröffnen, dessen Inhalte aus verschiedensten Richtungen einfließen und in dem die Disziplinen Anregungen für ihre weitere Entwicklung gewinnen können. Dies erleichtert einen durch die Wissens- und Diskursschleuse „Kulturwissenschaft" etwas selbstverständlicher gewordenen interdisziplinären Austausch, in den sich Sonderinteressen, (Teil-)Disziplinen und Spezialbereiche gleichberechtigt einbringen können. Dadurch können Methoden und Fragestellungen im- und exportiert, im Interesse mehrerer Disziplinen stehende Gegenstände „kulturwissenschaftlich" gemeinsam betrachtet und fachspezifisch ‚fremde' Erkenntnisse aus anderen Disziplinen in den jeweils ‚eigenen' Wissenskanon leichter integriert werden. Zusammenarbeit wird in bisher nicht gekanntem Ausmaß möglich. Dies zeigt sich in zahlreichen, von Fall zu Fall sehr unterschiedlich ausgerichteten neuen oder „kulturwissenschaftlich" erweiterten alten Fächern, Sonderforschungsbereichen, fakultätsübergreifenden zentralen Lehr- und Forschungseinrichtungen vieler Universitäten und nicht zuletzt in der wachsenden Zahl „kulturwissenschaftlicher" Angebote im Bereich der Lehre – selbst in solchen Fächern, die an ihrem klassischen disziplinären Zuschnitt festhalten. Begleitet wird dies von einer kaum noch überblickbaren Menge von Einführungen in die (jeweils anders verstandene) „Kulturwissenschaft" und von vielen Veröffentlichungen, die die Bezeichnung „kulturwissenschaftlich" dazu nutzen, die Grenzen der jeweils eigenen Disziplin zu überschreiten – sei es in bereits etablierte andere Fächer hinein, sei es suchend und tastend zwischen den Fächern auf dem Weg zu einer zwar kaum institutionalisierten, aber bereits mit umfassenden Anspruch auftretenden „Kulturwissenschaft".

Die Bezeichnung „Kulturwissenschaft" bleibt dadurch in einem eigenartigen Spannungsfeld. Die Benutzer des Begriffes schneiden ihn auf ihre jeweils eigenen und zwangsläufig partikularen Zwecke, Bedürfnisse und Möglichkeiten zu – daher kommen auch die vielen unterschiedlichen Verständnisse des Wortes –, während umgekehrt jede Eingrenzung daran erinnert, dass sie aus dem potentiell unendlichen Feld „Kulturwissenschaft" einen nur kleinen Sektor extrahiert, mit der Verwendung seiner Bezeichnung also auf einen eigentlich entgrenzenden Begriff zurückgreift, dessen Ungenauigkeit und semantische Offenheit es ja überhaupt erst erlauben, ihn je nach Bedarf zu definieren. Freilich haftet derartigen spezifischen Inanspruchnahmen unweigerlich etwas Willkürliches an, bleibt dem Begriff sein gegen jede Begrenzung sich wehrender Charakter im Subtext doch immer als ebenso notwendiges wie unerfüllbares Versprechen einverschrieben.

Der weit gefasste Anspruch des Begriffs „Kulturwissenschaft(en)" liegt deutlich quer zur Organisation der Fachdisziplinen. Er begründet sie als Perspektive und negiert den Status einer sektoralen Teildisziplin. Hier liegt dann möglicherweise auch das Potential für umfassende Interdisziplinarität, hinter der der alte Traum von der Universalität allen Wissens – das ja als menschliches immer ein kulturell geformtes bleibt – aufscheint, in der der Gelehrte eine neue wissenschaftliche „Heimat" über allen Spezialisierungen gerade im Bewusstsein ihrer Unerreichbarkeit anstreben kann. Der Begriff „Kulturwissenschaft" schwankt so zwischen ihn jeweils eingrenzender institutioneller Teilverwirklichung und die Disziplinen transzendierender intellektueller Notwendigkeit. Die Unerfüllbarkeit der ihm impliziten Ansprüche ist zugleich sein Skandalon und sein produktives Potential. Die Leuchtkraft des Begriffs, das in ihn eingesenkte Versprechen, das gerade junge Menschen in großer Zahl als Studierende zu Fächern führt, die sich „kulturwissenschaftlich" definieren, beruht nicht zuletzt auf diesem zutiefst humboldtianischen Ideal stets weiter über sich sich selbst hinausstrebender Bildungs- und individueller wie überindividueller Emanzipationsarbeit.

„Kulturwissenschaft" bleibt ein Projekt und gerade in seiner Unabschließbarkeit notwendig – weshalb mit diesem Band auch eine Publikationsreihe „Kulturwissenschaft(en) als interdisziplinäres Projekt" eröffnet werden soll. Der Titel ist Programm und erinnert bewusst daran, dass „Kulturwissenschaft" als ebenso notwendiger wie unbeendbarer Prozess nur dadurch vorangetrieben werden kann, dass aus den jeweils unterschiedlichen Fächern und Disziplinen (incl. der didaktischen und kulturpraktischen Anwendungen) ihre Erkenntnisse und Erfahrungen, Einsichten und Zweifel, Visionen und Einwände eingespeist werden.

Bereits in der Ambivalenz der Schreibung „Kulturwissenschaft(en)" freilich schwingt mit, dass die *eine* Kulturwissenschaft neben den vielen Fächern, die sich als „Kulturwissenschaft" bezeichnen oder unterschiedlich stark dazu bereit sind, dem Konzept einer Kulturwissenschaft zuzuarbeiten, immer nur *eine* Option der Begriffsverwendung darstellt. Nicht jeder Kulturwissenschaftler will sein Fach aufgehen sehen in einer fächerübergreifenden Utopie, von der oft gefürchtet wird, sie würde die einzelnen Disziplinen für überflüssig erklären und in ihrer Ungenauigkeit und Allgemeinheit doch hinter deren präzisen Methoden und Erkenntnissen hoffnungslos zurückbleiben. Selbst dort, wo von den einzelnen Fächern aus interessiert die Vision eines größeren gemeinsamen Ganzen unterstützt wird, geschieht dies i.d.R. aus jeweils fachspezifischer Optik. So bezeichnen sich viele Fächer mittlerweile als „Kulturwissenschaft" in dem Sinne, dass sie sich als Teil eines Konzertes miteinander gleichberechtigter „Kulturwissenschaften" (ausdrücklich im Plural) betrachten, sich aber nicht als untergeordneter Teil der *einen* „Kulturwissenschaft" verstehen. Möglicherweise kann diese Kontroverse als sekundär eingestuft werden, wenn man von einem in sich nicht hierarchisch strukturierten, tendenziell offenen Diskursraum „Kulturwissenschaft(en)" ausgeht, in dessen Bezeichnung eben nicht festgelegt wird, ob dieser Raum der in zu differenzierender Pluralität existenten Kulturwissenschaften überhaupt in *einer* umfassenden metadisziplinären Perspektive aufgehen kann. Vermutlich stünde eine derartig festgelegte Optik bereits im Widerspruch zum offenen Prozesscharakter von „Kulturwissenschaft".

„Kulturwissenschaft(en) als interdisziplinäres Projekt" sind deshalb wohl nur möglich als eine Form des Austausches, die Unterschiede nicht allein zulässt, sondern auch mit Interesse wahrnimmt und pflegt. Wo es keine Verschiedenheit mehr gibt, spielt Interdisziplinarität keine Rolle mehr. Das mit diesem Band in seinem ersten Schritt vorgestellte Projekt dient daher auch dazu, Verschiedenheiten zu sammeln und Möglichkeiten auszuleuchten, sie in Bezug zueinander zu setzen.

Am 17. November 2007 veranstalteten wir an der Universität Augsburg ein Symposium, das sich der Diskussion um die Kulturwissenschaften zuwandte und insbesondere die Sinnhaftigkeit der manchen oft nur als inflationäre Worthülse erscheinende(n) „Kulturwissenschaft(en)" zum Gegenstand hatte. Der Kreis der Teilnehmer/innen war gezielt interdisziplinär zusammengesetzt; die Beiträger/innen (viele von ihnen ehemals als DAAD-Lektor/innen tätig) verfügten über internationale Forschungs- und Lehrerfahrung. So bildete sich in Augsburg ein erweiterungsfähiger Kern, der bereits in erfreulicher Weise vergrößert werden konnte.

Der Zielsetzung entsprechend, Austausch zu ermöglichen, statt Unterschiede durch Harmonisierungen zu überdecken, sollen hier nicht, wie es in „Einführungen" häufig geschieht, die Beiträge – auf wenige Sätze reduziert – „vorwegnommen" werden, um sie in möglichst großer Widerspruchsfreiheit zu charakterisieren. Im Gegenteil: Die Spannungen und Widersprüche sollen, ja müssen in einem Band, der sich Diskussion zum Ziel gesetzt hat, ungeglättet sichtbar bleiben. Leser und Leserinnen sollen sich, beginnend mit dem einleitenden Überblick des Augsburger Geschichtswissenschaftlers Wolfgang E. J. Weber, der sich – wie andere Beiträge auch – im Spannungsverhältnis zu anderen Texten befindet, mit unterschiedlichen Positionen auseinandersetzen können. Erst am Ende unternehmen wir den Versuch, offene, offenkundig gewordene und/oder auf dem Augsburger Symposium diskutierte Fragen und Kontroversen bilanzierend zusammenzufassen.

Dieser in der Konzeption des Bandes angelegten Offenheit entspricht auch, dass ganz bewusst eine maßvolle Redaktion des Bandes verfolgt wurde, indem z.b. fachspezifisch unterschiedliche Schreibkonventionen nicht in erzwungener Weise vereinheitlicht wurden. Unterschiede zwischen den Disziplinen (und bisweilen auch den jeweiligen individuellen Positionen) äußern sich auch in differierenden Konventionen, Regeln und Riten. Dies zu überdecken, kann nicht Aufgabe des Bandes sein und würde der grundlegenden Intention, die Diskussion um die Kulturwissenschaft(en) auf dem Augsburger Symposium abzubilden und Impulse für weitere fruchtbare Auseinandersetzungen zu geben, zuwiderlaufen. „Kulturwissenschaft" ist eben keine in sich abgeschlossene Disziplin mit eigenen Regeln, sie lebt vom fächerübergreifenden Gespräch und muss deshalb offen bleiben für die voneinander abweichenden Besonderheiten der einzelnen Fächer, Wissenschafts- und Arbeitsbereiche sowie auch der sich innerhalb der Disziplinen herausbildenden individuellen Positionen.

Besonderer Dank gebührt dem Deutschen Akademischen Austauschdienst (DAAD), namentlich Frau Friederike Schomaker, für die großzügige finanzielle Unterstützung des Augsburger Symposiums sowie für die Hilfe bei der Fortsetzung der Konferenzreihe. Auch der Universität Augsburg, insbesondere der Philologisch-Historischen Fakultät unter dem Dekanat von Herrn Prof. Dr. Wolfram Bublitz, sei für die Bereitstellung der Infrastruktur herzlich gedankt. Seinen Ausgangspunkt nahm das Projekt im Münchener Arbeitskreis ehemaliger DAAD-Lektorinnen und -Lektoren, dem für seine Unterstützung herzlicher Dank gebührt. Und schließlich seien jene Mitarbeiter/innen in dankenswerter Weise erwähnt, ohne deren großes Engagement weder das Symposium hätte durchgeführt noch der Band hätte publiziert werden können: Lukas Aufgebauer, M. A. (Vechta), Johannes Dickel (Vechta), Karin Fast (Heidelberg), Christoph Lang, M. A. (Augsburg), Fabian Münch (Augsburg), Alexander Müller (Vechta) und Anna Nitschke (Vechta).

Heidelberg und Vechta, im Juli 2008

Jürgen Joachimsthaler / Eugen Kotte

Wolfgang E. J. Weber

Historische Kulturwissenschaft(en): Bestandsaufnahme – Kritik – Entwicklungsperspektiven

1. Vorbemerkung

UM der Zielsetzung unseres Symposiums gerecht zu werden, bedarf es zunächst einer explorativen Orientierung in dem ebenso weiten wie bunten Feld, welches durch die Konzeptionen und Forschungen der historisch ausgerichteten Kulturwissenschaften vorweg abgesteckt oder zumindest sekundär rekonstruierbar erscheint. Der nachstehende Beitrag möchte eine derartige Erkundung liefern, vermag dies im vorgegebenen Rahmen und angesichts seines eigenen konzeptionellen Hintergrunds allerdings nur in letztlich subjektiver Weise zu tun. Der kundige Hörer und Leser wird deshalb zweifellos nicht nur gewichtige Lücken entdecken, sondern auch diese oder jene Deutung oder Gewichtung als korrekturfähig oder sogar -bedürftig betrachten.[1]

2.1 Aktuelle Richtungen der historisch- kulturwissenschaftlichen Forschung

Sowohl in der Fachliteratur als auch in der Publizistik ist im Hinblick auf unseren Gegenstand wahlweise oder wechselweise von „Kulturwissenschaft" – im Singular – und „Kulturwissenschaften" – im Plural – die Rede.[2] Schon an diesem Schwanken der Selbst- und Fremdbezeichnung

---

[1] In der Diskussion sind einige Ansätze in diesen Richtungen vorgebracht worden, auf welche diese ergänzte Fassung wenigstens teilweise noch eingehen kann. – Für die Einladung zum Symposium habe ich Herrn Kollegen Eugen Kotte herzlich zu danken.

[2] Vgl. die Erörterungen bei Stephan Michael Schröder: Von Gelées, symbolischen Formen und drohender Balkanisierung der Wissenschaft. 150 Jahre Begriffstradition

lässt sich unschwer eine anhaltende Unsicherheit darüber ablesen, ob ein entsprechendes Disziplinenkonglomerat oder eine einzelne Disziplin vorliegt. Verflüssigt man diesen Befund wissenschaftsgeschichtlich, so erscheint indessen am wahrscheinlichsten, dass eine Entwicklungsphase vorliegt, die sich als Prozess der Auflösung einer heterogenen Disziplinenpluralität und in gewissen Hinsichten -rivalität hin zur Formierung einer programmatisch und methodisch hinreichend nach außen abgegrenzten und intern zunehmend geschlossenen Disziplin „neuen Typs" bzw. eines entsprechenden Disziplinarfeldes beschreiben lässt. Ein derartiger, das Disziplinengefüge des 19. und 20. Jahrhunderts sprengender und die Logik, die es hervorbrachte, relativierender Prozess ist nicht ungewöhnlich. Er ist auch in den sogenannten Naturwissenschaften zu finden, wie schon die Auflösung und Neustrukturierung entsprechender Fakultäten, Departments und sonstiger wissenschaftlicher Betriebseinheiten veranschaulicht.[3]

Welche historisch-kulturwissenschaftlichen Disziplinen, Subdisziplinen und Ansätze sind nach dieser Perspektive also im Zusammenwachsen begriffen? Wir können in unserem Rahmen ältere und jüngere Richtungen unterscheiden. Zu den ältesten, jedoch in Nischen bis heute aktiven, zählt unzweifelhaft die auch im nicht-deutschen Bereich beachtete deutsche Kulturphilosophie des 19. und frühen 20. Jahrhunderts nebst ihren Zöglingen. Als ihr Urvater ist kein geringerer als Johann Gottfried Herder anzusehen. Er formulierte bekanntermaßen zwei entscheidende Prämissen: erstens, dass jeder Mensch zu seiner Entwicklung oder Vollendung der Hilfe anderer Menschen bedarf, durch Akkulturation und Enkulturation also eine zweite kulturelle Geburt erfahren muss und erfährt. Zweitens, dass darüber, welche Ergebnisse Akkulturation und Enkulturation zeitigen, die Beschaffenheit bzw. – zeittypisch – der Entwicklungsstand der jeweiligen Kultur, entscheidet.[4] Die fortschrittshistorischen Umsetzungen, die sich hieran

---

von „Kulturwissenschaft". In: Vom Ende der Humboldt-Kosmen. Konturen von Kulturwissenschaft. Hrsg. v. Bernd Henningsen. Baden-Baden 1997, S. 57-99, im Sammelband: Kulturwissenschaft. Felder einer prozessorientierten wissenschaftlichen Praxis. Hrsg. v. Heide Appelmeyer, Elfriede Billmann-Mahecha. Weilersmist 2001 sowie in: Kulturgeschichte. Fragestellungen, Konzepte, Annäherungen. Hrsg. v. Christina Lutter u.a. Innsbruck u.a. 2004.

[3] Vgl. meine Hinweise in Wolfgang E. J. Weber: Geschichte der europäischen Universität. Stuttgart 2002, S. 192-194 und 211-219.

[4] Knapp zusammenfassend jetzt Michael Maurer: Kulturgeschichte. Eine Einführung. Köln u.a. 2008, S. 13-18, und eingehender die entsprechenden Passagen bei Hans Schleier: Geschichte der deutschen Kulturgeschichtsschreibung. Bd. 1, Waltrop 2003,

anschlossen, gerieten im Laufe des 19. Jahrhunderts unter den Druck des Historismus, der die universalistische Perspektive weitgehend aufgab und durch nationalgeschichtliche Zugänge ersetzte. In ihnen wurde einerseits die Idee nationalen Progresses durch die Idee der Gleichwertigkeit und Individualität aller Epochen relativiert und erfuhren andererseits die Konzeptualisierung menschlicher Akkulturation und Enkulturation bzw. die Erklärung menschlichen Verhaltens dramatische politik- und staatshistorische Verengungen. Dagegen kam die ungeachtet dessen existente, zeitgenössische, teils stärker philosophische, teils empirische, vielfach methodisch durchaus naive Kulturgeschichte letztlich Herderscher Prägung nicht an. Sowohl Jakob Burkhardts vor allem als Kunstgeschichte abgetane Beiträge als auch Karl Lamprechts berühmter Erneuerungsversuch fanden auf der vom Historismus dominierten akademischen Ebene wenig Resonanz, was Erfolge beim allgemeinen bildungsbürgerlichen Publikum insbesondere dann, wenn der Herdersche Ansatz hochkulturell aufgefasst und umgesetzt wurde, keineswegs ausschloss.[5]

Selbst der zunächst wieder im engeren Sinne philosophische Erneuerungsversuch Ernst Cassirers in dessen Hauptwerk *Philosophie der symbolischen Formen* (1923-1929) und im Exilwerk *Versuch über den Menschen. Einführung in eine Philosophie der Kultur* (1944) fand erst allmählich stärkere Rezeption. Er machte erstens mit der Vorstellung der idealistischen Philosophie Schluss, die „Natur des Menschen" ließe sich substantiell-metaphysisch definieren und plädierte konsequent für eine funktionale Bestimmung, die zweitens von der Unterscheidung von sechs Sektoren der Kultur her, in der die zweite, kulturelle Geburt und fortdauernde Prägung der Individuen erfolge, vorgenommen werden solle, nämlich „Sprache, Mythos, Religion, Kunst, Wissenschaft, Geschichte". Drittens unterstrich er den Charakter jeder Kultur „als ein organisches Ganzes" bzw. – wie wir heute sagen würden – als „System". Viertens vertiefte er die Erkenntnis der Tradition als unverzichtbarer Bestandteil jeglicher Kultur, und fünftens bestimmte er die Chancen kultureller und historischer Höherentwicklung als Element jeder Kulturaneignung, Umgestaltung und Weitergabe neu:

---

sowie zuvor Ralph Häfner: Johann Gottfried Herders Kulturentstehungslehre. Studien zu den Quellen und zur Methode seines Geschichtsdenkens. Hamburg 1995.
[5] Im Überblick und mit Hinweisen auf die spezielle Literatur Silvia Serena Tschopp: Forschungskontroversen. In: Silvia Serena Tschopp, Wolfgang E. J. Weber: Grundfragen der Kulturgeschichte. Darmstadt 2007, S. 55-68, detaillierter Schleier, Geschichte [wie Anm. 4].

In diesem Sinne wird erkennbar, dass ‚Kultur' zuvor einerseits als Ersatz angesehen werden kann, als Ersatz für das, was uns im genetischen Programm einer vollkommenen Triebausstattung und Instinktsteuerung fehlt, dass aber andererseits die flexible Qualität dieses Ersatzes die Menschheit insgesamt zu Höherem befähigt.[6]

Ebenfalls in der Tradition der anthropologischen Definition der Kultur und an der Seite der Konzeptualisierung der wichtigsten Kulturmerkmale als symbolische Formen steht die maßgeblich von Max Weber begründete deutsche Kultursoziologie. Deren Grundprämisse, dass der Mensch ein „Kulturwesen" sei, „das sich erst in seiner zweiten Genesis voll verwirklichen kann", wird bei ihm jedoch soziologisch gewendet, wodurch neben dem Individuum die diversen, wechselnden Schichten und Gruppen in den Fokus rücken und zugleich Kultur weniger als humaner Ermöglichungsraum im Sinne historischen Fortschritts denn als vorgegebene Bedingung, ja Beschränkung und Schicksal erscheint. Von hierher ist die später von dem US-amerikanischen Ethnologen und Kulturhistoriker Clifford Geertz bekräftigte Auffassung zu verstehen, der Mensch sei ein „in selbstgesponnene Bedeutungsgewebe verstricktes Wesen".[7]

Nach 1945 fand der kultursoziologische Ansatz allerdings zunächst eine andere Rezeption. Von der Ökonomie und den ihr in ihrer anthropologischen Grundauffassung nahestehenden anderen soziologischen Teilrichtungen her gespeist, begann sich die Auffassung des Menschen als eines im Kern bereits vorgegebenen oder zumindest zu diesem Ziel zu erziehenden *homo oeconomicus* bzw. *rationalis* durchzusetzen. Historisch gewendet bedeutete dies, das menschliche Denken und Handeln auf das jeweilige individuelle und/oder gruppen- bzw. schichtenspezifische Interesse zu beziehen bzw. es von dorther zu erklären. Die Vielfalt der Erklärungsmöglichkeiten, die Gleichwertigkeit der jeweils historisch zu bestimmenden Orientierungen, Wertsetzungen und Bedürfnisse begann also dramatisch zu schrumpfen. Obwohl sie auch den politischen Aspekt – das heißt in dieser Perspektive: das Machtinteresse – in ihr Interpretationsmodell einbezog, folgte sowohl die u.a. von Werner Conze vertretene Strukturgeschichte als auch die anschließende Bielefelder Sozialgeschichte dieser Deutungslinie.[8]

---

[6] Quellennah Maurer, Kulturgeschichte [wie Anm. 4], S. 18-25, Zitate S. 24, allgemeiner: Ernst Cassirers Werk und Wirkung. Kultur und Philosophie. Hrsg. v. Dorothea Frede, Reinold Schmücker. Darmstadt 1997.

[7] Zusammenfassend Tschopp, Forschungskontroversen [wie Anm. 5], S. 43-46, Zitat S. 43 (mit Nachweis der Textstelle im Werk von C. Geertz).

[8] Zusammenfassend Wolfgang E. J. Weber: Einleitung in: Tschopp/Weber, Einführung [wie Anm. 5], S. 21f.; zu den Grundlagen dieser Entwicklung jetzt Werner Plumpe: Die

Deshalb zählen auch deren Restbestände und diversen kulturhistorisch erweiterten Fortsetzungen[9] mehr oder weniger direkt und maßgeblich in das Spektrum der Ansätze, die derzeit in neuer historisch-kulturwissenschaftlicher Konstruktion begriffen sind.

Eine erste hier zu nennende nicht deutsche Richtung ist in den ausgehenden 1960er und 1970er Jahren entwickelte französische Mentalitätsgeschichte. Sie widmete sich der Erforschung der individuellen und kollektiven Formen, Muster und Gewohnheiten des Denkens und Sichorientierens, von denen her die Individuen und Gruppen ihre zeitspezifischen bewussten und unbewussten Vorstellungen entwickeln, nach denen sie wiederum fühlen und sich verhalten bzw. handeln. Während die Kultursoziologie das individuelle und gruppenspezifische Verhalten als Produkt innerer Überzeugungen, sozialer Interessen und äußerer Bedingungen zu deuten versucht und die herkömmliche Sozialgeschichte das soziale bzw. ökonomische Interesse als alleinigen oder zumindest entscheidenden Aspekt ansieht, nimmt sich die Mentalitätengeschichte also schwierig zu fassende mentaltäre „Superstrukturen" als orientierungsgenerierend und handlungsleitend vor. Die methodischen Probleme, die mit diesem Ansatz verbunden sind, haben ihn denn auch an größerer Wirksamkeit gehindert.[10]

Mit einem definitiven Perspektivwechsel verbunden ist dagegen der Ansatz der ursprünglich marxistisch-sozialistisch inspirierten Cultural Studies, die in den 1960er Jahren an verschiedenen britischen Universitäten aufblühten. Sie zielten und zielen im Kern darauf ab, der („Sub"-)Kultur der Arbeiter und Unterschichten in Absetzung gegenüber und im Wechselbezug zur adeligen und bürgerlichen Hochkultur als materielles und immaterielles Bedingungsgefüge des Verhaltens der ausgebeuteten Klassen näher auf die Spur zu kommen. Am bekanntesten in diesem Rahmen ist Edward P. Thompsons Konzept der moralischen Ökonomie geworden. Mittlerweile hat

---

Geburt des „Homo oeconomicus". Historische Überlegungen zur Entstehung und Bedeutung des Handlungsmodells der modernen Wirtschaft. In: Menschen und Märkte. Studien zur historischen Wirtschaftsanthropologie. Hrsg. v. Wolfgang Bernhard und Justin Stagl. Wien u.a. 2007, S. 319-352.

[9] So bereits: Sozialgeschichte in der Erweiterung. Hrsg. v. Jürgen Kocka. Göttingen 1988 (= Geschichte und Gesellschaft 14/3), vgl. jetzt Willibald Steinmetz: Von der Geschichte der Gesellschaft zur „Neuen Kulturgeschichte". In: Oldenbourg Geschichte Lehrbuch. Neueste Zeit. Hrsg. v. Andreas Wirsching. München 2006, S. 233-252.

[10] Wolfgang Schmale: Mentalitätsgeschichte. Historiographische Wenden. In: Oldenbourg Geschichte Lehrbuch. Frühe Neuzeit. Hrsg. v. Anette Völker-Rasor. München ²2006, S. 167-182.

dieser Ansatz erhebliche Erweiterung und Übertragung auf andere soziale Verhältnisse erfahren, obwohl eines seiner tragenden Konzepte, der Klassenbegriff, in der einschlägigen Diskussion fast völlig zerrieben worden ist. Gleichwohl stellt er nach wie vor einen eigenständigen Zweig kulturhistorischer Herrschaftskritik dar.[11]

Sowohl von der Problemwahrnehmung als auch von der konzeptionellmethodischen Befassung her und nicht zuletzt personell mit den Cultural Studies verknüpft sind die auch in Frankreich als der weiteren bedeutenden europäischen Kolonialmacht seit den 1960er Jahren gepflegten Post Colonial Studies. Entstanden aus der politischen, sozialen und kulturellen Kolonialismuskritik, die bekanntlich starke marxistische Prägungen aufwies, ist ihr Anliegen die Erforschung der kurz-, mittel- und langfristigen Wirkungen bzw. Schäden kolonialer Ausbeutung und Unterdrückung auf indigene Gesellschaften oder zunehmend im vollen Begriffsverständnis: Kulturen – um vorkoloniale Traditionen revitalisieren oder postkoloniale „dritte" Wege fördern zu können. Die Spezialisierung oder Konzentration des kulturhistorischen Interesses, Voraussetzungen, Bedingungen, Erscheinungsformen und Konsequenzen von Wahrnehmungen, Orientierungen und entsprechendem Verhalten zu erforschen, auf bestimmte historische Ausschnitte, setzt sich also auch in diesem Ansatz fort. Dabei kann die Schwerpunktsetzung in der Deutung weit differieren. Eher traditionell marxistisch-sozialistischen Analysen zu Klassenbewusstsein und Klasseninteresse stehen eher westlichmodernisierungstheoretisch-sozialgeschichtliche Studien gegenüber, die Einkommensverhältnisse, soziale Mobilität, politische Partizipation und politische Kultur variieren, während psychohistorische Studien im Gefolge beispielsweise Frantz Fanons den mentalitären und seelischen Verunstaltungen der Kolonialisierten durch den Kolonialismus auf die Spur zu kommen suchen. Auch diese Richtung steuert zur historischen Kulturwis-

---

[11] Zusammenfassend Lutz Raphael: Geschichtswissenschaft im Zeitalter der Extreme. Theorien, Methoden, Tendenzen von 1900 bis zur Gegenwart. München 2003, S. 133-135, 186; Thomas Lindenberger: Empirisches Idiom und deutsches Unverständnis. Anmerkungen zur westdeutschen Rezeption von E.P. Thompsons „The making of the Englisch working class". In: Historikerdialoge. Geschichte, Mythos und Gedächtnis im deutsch-britischen kulturellen Austausch 1750-2000. Hrsg. v. Stefan Berger u.a. Göttingen 2003, S. 439-456. Nick Stevenson: Culture, ideology and socialism: Raymond Williams and E. P. Thompson. Aldershot u.a. 1995.

senschaft der Gegenwart und Zukunft insbesondere herrschaftskritische Impulse bei.[12]

Ähnliches gilt für den letzten hier vorgestellten Ansatz. In Anknüpfung an das Grundprinzip der Post Colonial Studies, nämlich den Blick nach außen, in die außereuropäische Welt, zu richten, versucht heute maßgeblich die US-amerikanische Kulturanthropologie durch Befassung mit den verbliebenen nicht-modernen Gesellschaften oder Kulturen, aus deren unvoreingenommener, nicht komparativer, von den jeweils eigenen Merkmalen her veranstalteter, dichter Beschreibung methodisch optimierte Zugänge auch zur modernen Welt und kritische Perspektiven auf diese Welt zu gewinnen. Das historisch-kulturwissenschaftliche Kernprogramm, die Analyse von Akkulturation und Enkulturation, der Grundlagen, Logiken und Dynamiken des Fühlens, Meinens, Denkens und Verhaltens, ist dabei integral einbezogen. Darüber hinaus vertritt diese Forschung die unbegrenzte Bandbreite der Orientierungen und Zwecksetzungen menschlichen Handelns, wird die westlich-moderne, „kapitalistische" wie marxistisch-sozialistische Fixierung auf das ökonomische Interesse in produktiver Weise also grundsätzlich herausgefordert.[13]

Es ist daher kein Zufall, dass sich auch der Begründer der derzeit bedeutendsten französischen Richtung der Kultursoziologie, Pierre Bourdieu, in seinen Anfängen zunächst mit einer nordafrikanischen Kultur, derjenigen der Berber, beschäftigte. Aus der Rückübertragung und Weiterentwicklung des bei der Betrachtung der Riffkabylen Gelernten, so könnte man etwas flapsig sagen, erwuchs die Kapitalsortentheorie der „letzten Hoffnung der Linken", wie Bourdieu vor einigen Jahren genannt wurde. Dass mit der Unterscheidung von ökonomischem, sozialem und kulturellem Kapital sowie deren Gleichstellung eine wesentliche historisch-kulturwissenschaftliche Fundamentlegung erfolgte, liegt auf der Hand. Ebenso ist die Praxistheorie Bourdieus, seine Lösung des Problems, „strukturelle Gegebenheiten sozialer Einheiten, beispielsweise Institutionen, ökonomische Rahmenbedingungen oder kulturelle Prägungen, mit den diese soziale Einheiten konstituierenden Akteuren, deren ‚subjektiven' Intentio-

---

[12] Jenseits des Eurozentrismus. Postkoloniale Perspektiven in den Geschichts- und Kulturwissenschaften. Hrsg. v. Sebastian Conrad und Shalini Randeria. Frankfurt/M., New York 2002, S. 283-312; Jean-Marie Vivaldi: Fanon. Collective ethics and humanism. New York u.a. 2007.
[13] Vgl. jetzt die einschlägigen Ausführungen bei Nigel Rapport, Joanna Overing: Social and cultural anthropology: the key concepts. London, New York 2007.

nen und mentalen Dispositionen zu vermitteln", durch Konzeptualisierung des Habitus als eines „Ensembles kollektiver Denk-, Handlungs- und Wahrnehmungsschemata", unzweifelhaft als ein zentrales Instrument aller historisch-kulturwissenschaftlichen Analyse anzusehen. Von der Erforschung der kulturellen Bedingungen und Dynamiken der Klassengesellschaft in Auseinandersetzung mit dem ökonomiefixierten Vulgärmarxismus, die zum Hauptanliegen des französischen Soziologen heran wuchs, können diese Prämissen und Methoden unschwer in einen weiteren kulturhistorischen Horizont übertragen und dort fruchtbar gemacht werden.[14]

2.2. Katalysatoren (inter-)disziplinärer Strukturbildung und Herausforderung

Welche Kräfte sind als Motoren oder Katalysatoren des Zusammenwachsens der eben genannten aktuellen Ansätze und Richtungen, zu denen noch zahlreiche weitere zu zählen wären, zu identifizieren? Nach meiner Auffassung lassen sich zumindest sieben Problembereiche oder Forschungsschwerpunkte identifizieren, die als dynamische, in ihrer Forschungslogik auf Erweiterung, Rezeption und Beeinflussung einer Vielzahl anderer Ansätze zu charakterisieren sind.

Als erster dieser Bereiche seien die Gender Studies genannt. Bereits ihr genuines wissenschaftliches Anliegen, die Erforschung der Geschlechter als kulturelle Produkte, ist unvermeidlicherweise expansiv, um nicht zu sagen: total, angelegt. Sowohl sämtliche soziokulturellen Voraussetzungen wie Familie, Sozialschicht oder Klasse, Ethnizität, Religion usw. bedürfen der Beachtung wie auch Kunst, Literatur, Wissenschaft usf. oder die Medien als Ebenen der Genderproduktion und -repräsentation. Und der Psychologie bzw. Psychoanalyse als zentralen Referenzwissenschaften stellen sich u.a. die Biologie und Anthropologie an die Seite. Erst recht verknüpft das außerwissenschaftlich-politische Ziel der kritischen Erfassung der Mechanismen und der Durchbrechung der Genderreproduktion den Forschungsansatz mit kaum übersehbaren weiteren Bereichen und Prozessen. Mehr noch, die aus diesen Bereichen und Prozessen erwachsende Dynamik kann das akademisch-disziplinäre Feld so stark erfassen und beeinflussen, dass die

---

[14] Zusammenfassend Tschopp, Forschungskontroversen [wie Anm. 5], S. 47-49, Zitat S. 48; Pierre Bourdieu: Deutsch-französische Perspektiven. Hrsg. v. Catherine Colliot-Thélène. Frankfurt/M. 2005.

wissenschaftliche Selbststeuerung zurücktritt oder belanglos wird, wogegen sich die Vertreterinnen und Vertreter des Ansatzes jedenfalls solange, wie deren Rekrutierung nach wissenschaftlichen Leistungskriterien erfolgt, freilich wehren werden.[15]

Ein zweiter, dynamischer, trans- bzw. interdisziplinär expansiver, vernetzender und strukturbildender Ansatz ist die mit den Gender Studies eng verschwisterte Körper- und Sexualitätsgeschichte. Auch hier ist ein doppeltes Erkenntnisinteresse festzustellen: die historisch wechselnde Wahrnehmung, Einschätzung und der Umgang mit dem Körper und der Sexualität werden einerseits als Bedingung des Verhaltens der Individuen aufgefasst und entsprechend studiert. Andererseits steht im Hintergrund in vielfältigen Varianten ein praktisches Interesse daran, Körper und Sexualität gezielt modellieren zu können.[16]

Ebenfalls nahe verwandt mit diesen Richtungen sind drittens die Race and Class Studies besonders der USA und Großbritanniens. Hier geht es um die Erforschung der Rassen und Klassen als kulturelle Produkte, unter den gegebenen Verhältnissen natürlich in kritischer Absicht, also um die Produktion und Reproduktion dieser Formen erkennen und daher durchbrechen bzw. aufheben zu können.[17]

Andere Komplexe oder Pole neuer historisch-kulturwissenschaftlicher Systembildung stellen viertens die Kommunikations- und Mediengeschichte sowie fünftens die Akkulturations- und Kulturtransferforschung dar. Auch sie setzen an Erscheinungen und Problemzusammenhängen an, denen Relevanz quer durch alle spezifischeren Objektbereiche zugesprochen werden kann und muss, strukturieren das historisch-kulturwissenschaftliche

---

[15] Vgl. knapp Raphael, Geschichtswissenschaften [wie Anm. 11], S. 237f. ; zu einem hier angesprochenen Zusammenhang ist jetzt einschlägig: Gender goes Life. Die Lebenswissenschaften als Herausforderung für die Gender Studies. Hrsg. v. Marie L. Angerer und Christiane König. Bielefeld 2008. Demnächst wird erscheinen Kerstin Stüssel: Kulturwissenschaftliche Gender Studies. Dresden 2008.

[16] A. Hallam: Cultural History of the Body, Oxford 2005; Körpergeschichte. Hrsg. v. Ute Frevert. Göttingen 2000 (= Geschichte und Gesellschaft 26/4); Maren Lorenz: Leibhaftige Vergangenheit. Einführung in die Körpergeschichte. Tübingen 2000; Von Lust und Schmerz. Eine historische Anthropologie der Sexualität. Hrsg. v. Claudia Bruns, Walter Tillmann. Köln 2004.

[17] Vgl. Anm. 11. Einschlägige Forschungserörterungen und Fallstudien in: British cultural studies: Geography, Nationality, and Identity. Hrsg. v. David Morley, Kevin Robins. Oxford u.a. 2005; Wolf D. Hunt: Rassismus. Die soziale Konstruktion natürlicher Ungleichheit. Münster 1999; allgemeine Hinweise bei Etienne Balibar, Immanuel Wallerstein: Rasse, Klasse, Nation. Hamburg ³1998.

Feld neu und vernetzen es gleichzeitig mit anderen Feldern, so dass sich weit über den ursprünglichen Ansatz hinausreichende Horizonte öffnen. Medien und Kommunikation werden dabei vor allem als Voraussetzungen und Determinanten individueller Wahrnehmung, Einschätzung und Praxis erforscht; wie sie jeweils unter die Lupe genommen werden, kann von empirisch-deskriptiv-quantifizierenden Lösungen bis zu hoch aggregierten analytischen Studien reichen. Die Akkulturations- und Kulturtransferanalyse fächert sich grundsätzlich ebenfalls in dieses Spektrum auf. Ihre Ansätze werden um so spannender und stets dann besonders deutlich als übergreifende, feldgenerierende Kräfte fassbar, wenn ihr eigentlicher Kontext, derjenige von Identität und Alterität, entsprechend zu Tage tritt.[18]

Diese zentralen Aspekte der Identität und Alterität sind mehr oder weniger direkt auch an der Konstituierung und am expansiv-strukturbildenden Potential der letzten beiden hier zu nennenden Ansätze beteiligt. Dass, sechstens die Wissens- und Wissenschaftsgeschichte über ihre Bedeutung als Erzeuger und Vermittler zentraler Voraussetzungen individueller und kollektiver Wahrnehmung, Sinnstiftung und Praxis hinaus in die historischen wie wissenschaftssystematisch-theoretischen und methodischen Grundlagen jeder Wissenschaft und damit auch des historisch-kulturwissenschaftlichen Feldes hineinragt, liegt auf der Hand. Dass das Gleiche für den derzeit besonders beachteten Komplex von siebtens Gedächtnis und Erinnerung gilt, bedarf kaum nachhaltigen Nachdenkens, bilden Gedächtnis und Erinnerung doch schon in einem banalen Sinne historisch perspektivierte Teile des Gesamtkomplexes „Wissen". Wie kommen Gedächtnis und Erinnerung zustande, welche Inhalte nehmen sie unter welchen Umständen in welcher Nachhaltigkeit und mit welchen Folgen wann mit Hilfe welcher Medien auf? Diese Fragen zählen unzweifelhaft zu den spannendsten Diskussionsbereichen gegenwärtiger historisch-kulturwissenschaftlicher Forschung, auch wenn und gerade weil sie auch die Konstitutions- und Geltungsbedingungen traditioneller wissenschaftli-

---

[18] Kulturtransfer. Kulturelle Praxis im 16. Jahrhundert. Hrsg. v. Wolfgang Schmale. Wien 2003; Helga Mitterbauer: Kulturtransfer - ein vielschichtiges Beziehungsgeflecht. In: Newsletter Moderne 2 [1999], H.1, S. 23-25. Die Konzeptualisierung der historischen Akkulturationsforschung ist noch kaum erfolgt; stattdessen liegt eine Reihe einschlägiger Fallstudien mehr oder weniger intensiver theoretisch-methodischer Grundlegung vor.

cher Geschichtsbefassung, also die etablierte Geschichtswissenschaft selbst, betreffen.[19]

Nicht nur als produktive Perspektivänderung, sondern auch als Blickverengung und somit Herausforderung oder sogar Störfaktor historisch-kulturwissenschaftlicher (inter-)disziplinärer Strukturbildung können dagegen die diversen ‚turns' der jüngsten Vergangenheit und Gegenwart eingeschätzt werden. Am frühesten brach sich bekanntlich der so genannte „linguistic turn" Bahn. Im Kern geht es bei ihm um die Konzentration der theoretisch-methodischen Befassung mit Geschichte auf Geschichte als Konstrukt von Text und Erzählung. Aus der engen Verwandtschaft und teilweisen Identität von Dichtung und Historiographie als Produkte von Konstruktionsakten des Autors und des Einsatzes rhetorischer Mittel wurde gefolgert, Historiographie sei nichts anderes als eine Variante der Dichtung und bestehe wesentlich in dieser Leistung, kaum oder eigentlich gar nicht jedoch in der Erfassung von Quelleninformation und deren intersubjektiv zu klärendem Verständnis. Durch diese Literarisierung der Historie muss die Wissenschaftlichkeit der historischen Forschung als direkt bedroht angesehen werden, weil es unter ihrer Perspektive nicht mehr auf die korrekte Anwendung des wissenschaftlichen Instrumentariums der Geschichtsforschung ankommt, die deren Rationalitätscharakter und Objektivitätsanspruch eigentlich tragen, sondern lediglich auf die jeweilige rhetorisch-literarische Qualität, Plausibilität und Überzeugungskraft. Zwar gilt die Herausforderung dieses „turns" vielfach als mittlerweile produktiv bewältigt. Der Tatbestand vorwiegend narrativer Verfasstheit aller Historiographie werde nunmehr analytisch ernster genommen, die ihrer Herstellung vorausgehenden Erkenntnis- und Erkenntnissicherungsoperationen träten um so schärfer in den Blick des Fachdiskurses. Wenn sich der Unterschied zwischen Historiographie und Dichtung jedoch letztlich nur noch institutionell, im Hinblick auf den jeweiligen Entstehungs- und Geltungsbereich des

---

[19] Wissensideale und Wissenskulturen in der frühen Neuzeit. Hrsg. v. Wolfgang Detel, Klaus Zittel. Berlin 2002; Achim Landwehr: Wissensgeschichte. In: Handbuch Wissenssoziologie und Wissensforschung. Hrsg. v. Rainer Schützeichel. Konstanz 2007, Bd. 15, S. 801-813; Jakob Vogel: Von der Wissenschafts- zur Wissensgeschichte. Für eine Historisierung der Wissensgesellschaft. In: Geschichte und Gesellschaft 30 [2004], S. 639-660; Astrid Erll: Kollektives Gedächtnis und Erinnerungskulturen. Eine Einführung. Stuttgart/Weimar 2005. Zu den allmählich einsetzenden wissenshistorischen Studien zur Geschichtswissenschaft zählt beispielsweise Thomas Etzemüller: Sozialgeschichte als politische Geschichte. Werner Conze und die Neuorientierung der westdeutschen Geschichtswissenschaft nach 1945. München 2001.

jeweiligen Textes festmachen lässt, so dass „der Vorwurf der Geschichtsfälschung weder den inkriminierten Literaten noch seine Leser in Aufregung versetzten dürfte, und seinen Status in keinerlei Weise gefährdet, während derselbe Vorwurf für den beschuldigten Historiker den Ausschluss aus der Scientific Community bedeuten kann",[20] dann ist bereits eine defensive Position eingenommen.

Mehr noch alle äußeren, die Narrativität der Historiographie durchbrechenden Ausstattungselemente des genuin wissenschaftlichen und deshalb auf Diskursivität sowohl auf der Forschungs- als auch der Darstellungsebene abhebenden Textes (kritisch-reflexive Einschübe, Fußnoten) erscheinen tendenziell in dieser Perspektive als unbequem oder sogar obsolet – zumal in denjenigen Ansätzen der historischen Kulturwissenschaften, die auf praktisch verwertbare Erkenntnis zielen – von der Bestätigung vorgefasster Meinungen bis zur Erarbeitung historisch generierter oder informierter Therapien (s.u.) –, die Unterschiede zunehmend verschwimmen können, so dass das Feld immer stärker für fiktiv angereicherte bzw. nicht wirklich wissenschaftlich erarbeitete und erhärtete Narrationen geöffnet wird. Dies gilt um so mehr, wenn Narration als anthropologisch oder sozial einzig legitime Kommunikations- und Darstellungsform postuliert wird, kritische Diskursivität damit als artifiziell grundlegende Delegitimation erfährt.[21]

Etwas anders stellt sich die Problemlage beim sogenannten „iconic turn" dar. Die richtige, unzweifelhaft ein deutliches Defizit herkömmlicher wissenschaftlicher Geschichtsbefassung markierende Forderung nach stärkerer Berücksichtigung bildlicher Quellen und der mit dem Bild verbundenen ästhetisch-emotionalen Elemente der Erfassung, Vermittlung und Bewahrung historischen Wissens, hat jedoch ebenfalls im Hinblick auf den Rationalitätscharakter jeder Wissenschaft bereits bedenkliche Anreicherungen erfahren. Die zeitgenössischen Wahrnehmungen, Einschätzungen und Wirkungen von Bildern methodisch überzeugend zu fassen, ist außerordentlich schwierig. Die dafür erforderlichen wissenschaftlich-operativen Leis-

---

[20] Zusammenfassend und mit weiteren Verweisen Tschopp, Forschungskontroversen [wie Anm.5]. S. 82-110, Zitat S. 88.
[21] Vgl. zur Debatte neben der o.a. Zusammenfassung bei Tschopp, Forschungskontroversen [wie Anm. 5], S. 84-98 jetzt Sabine Todt: Linguistic turn. In: Geschichte – ein Grundkurs. Hrsg. v. Hans-Jürgen Goertz. Reinbek bei Hamburg 2007, S. 178-198, sowie Jan Eckel: Der Sinn der Erzählung. Die narratologische Diskussion in der Geschichtswissenschaft und das Beispiel der Weimargeschichtsschreibung. In: Neue Zugänge zur Geschichte der Geschichtswissenschaft. Hrsg. v. ders. und Thomas Etzenmüller. Göttingen 2007, S. 201-229.

tungen voll umfänglich zu erbringen, fällt gerade im Hinblick auf das Bild, das vielfach noch immer „für sich selbst" zu sprechen scheint, zunehmend schwer. Quellenbild und ikonographisch wie immer ergänzte oder gar vollständig umgesetzte Darstellung appellieren zuvorderst immer an Intuition und holistische Rezeption. Medien- und kommunikationswissenschaftliche Ansätze bereiten den Boden dafür vor, statt Text und Narration nunmehr Bild und bildliche Darstellung zur anthropologisch-sozial einzig angemessenen Kommunikationsform zu erheben.[22]

Es konnte nicht ausbleiben, dass auch die Performanz (Ausführung, Darbietung) in ihren unterschiedlichen Formen des Zeremoniells, der Inszenierung, des Rituals usw. als kulturelles Ausdrucks- und Darstellungselement entdeckt und zu einem wesentlichen Medium individueller und kollektiver Wahrnehmung sowie Kommunikation erhoben wurde. Auch mit diesem ‚performative turn' sind mittlerweile recht einseitige oder zumindest überzogene Grundannahmen im Hinblick auf die historisch-kulturwissenschaftlich interessierenden Aspekte menschlichen Fühlens, Denkens und Handelns und deren Erforschung verbunden. Auch von ihnen gehen nicht nur gerade durch Einseitigkeit und Übersteigerung generierte produktive Anstöße aus, sondern auch Herausforderungen und Gefahren für die wissenschaftliche Qualität und Seriosität des historisch-kulturwissenschaftlichen Disziplin(en)feldes.[23]

Schließlich der sogenannte „spatial turn": so fruchtbar es war und ist, die Raumgebundenheit aller Wahrnehmung, Einschätzung und Praxis (wieder) ins Bewusstsein zu rücken und gleichzeitig die Fesseln jeden geographischen-objektivistischen Raumverständnisses abzustreifen – Raum ist im Gegenteil als kulturelles Produkt aufzufassen –, so wenig überzeugend kann es jedoch sein, Raumgebundenheit bzw. Räumlichkeit zum primären oder gar ausschließlichen Faktor zu erheben. Und im Hinblick auf das historisch-kulturwissenschaftliche Feld gilt ebenfalls, dass derartige

---

[22] Iconic turn? Hrsg. v. Helga Mitterbauer. Innsbruck 2006; Gerhard Paul: Von der Historischen Bildkunde zur Visual History. Ein Studienbuch. Göttingen 2006, S. 7-36; Bernd Roeck: Das historische Auge. Kunstwerke als Zeugen ihrer Zeit. Von der Renaissance zur Revolution. Göttingen 2004; ders.: Visual turn? Kulturgeschichte und die Bilder. In: Geschichte und Gesellschaft 29 [2003], S. 294-315.
[23] Tschopp, Forschungskontroversen [wie Anm.5], S. 111-122; Geschichtswissenschaft und „performative turn". Ritual, Inszenierung und Performanz vom Mittelalter bis zur Neuzeit. Hrsg. v. Jürgen Martschukat. Köln u.a. 2003. Eine konzeptionell-kritische Darstellung systematischen Zuschnitts fehlt noch.

Perspektivierung einerseits unzweifelhaft zu dessen Neukonstituierung beitragen kann, andererseits irritierende Momente einbringt.[24]

Der letzte und aus Verfassersicht zugleich wichtigste irritierende Faktor historisch-kulturwissenschaftlicher Disziplin(en)- oder Feldkonstituierung und -positionierung betrifft die Zielsetzung der historischen Kulturwissenschaft(en). Teilweise und manchmal durchaus maßgeblich erwachsen aus Missstimmigkeiten, Gefühlen des Ungenügens und des Unbefriedigtseins mit dem Erkenntnisangebot der etablierten einschlägigen Disziplinen, hat sich ein starker Trend dahingehend gebildet, dass methodische historische Kulturbefassung unmittelbarer und ausschließlicher als herkömmlicher Weise zugestanden, individueller und kollektiver Therapie zu dienen habe. Dieser Trend machte und macht sich zwar auch etwa in der historischen Erforschung des nationalsozialistischen Regimes und seiner Menschheitsverbrechen, etwas weniger deutlich auch anderer Gewaltregimes bemerkbar. Am kräftigsten gespeist wird er aber durch die Bedürfnisse diverser diskriminierter oder sogar verfolgter, in der Forschung entsprechend marginalisierter Gruppen, so ursprünglich von Frauen, Homosexuellen, Afroamerikanern usw. Wenn aber naturgemäß möglichst baldige Therapie wichtiger ist als Erkenntnis, kommt es nicht mehr auf die wissenschaftliche Tragfähigkeit und Erhärtung entsprechender Ergebnisse an, sondern auf deren Einsatzmöglichkeiten und damit verbunden (s.o.) Verständlichkeit und Plausibilität. Eine Erfassung des gesamten historisch-kulturwissenschaftlichen Feldes durch dieses direkte Verwertungsbedürfnis würde dieses Feld aus dem Wissenschaftsbereich herausdriften lassen und irgendwo zwischen Wissenschaft und Publizistik platzieren, mit der Folge existentieller Aktualitätsgebundenheit bzw. direkter Unterwerfung unter die wechselnden Vorlieben oder Moden der dynamisch-pluralistischen Gesellschaft.[25]

---

[24] The spatial turn: interdisciplinary perspectives. Hrsg. v. Barney Warf. New York 2008; Spatial turn. Das Raumparadigma in den Kultur- und Sozialwissenschaften. Hrsg. v. Jörg Döring und Tristan Thielmann. Bielefeld 2008.

[25] Für die individuelle Ebene ist naturgemäß das psychotherapeutische Modell der Rekonstruktion der Lebensgeschichte das Einfallstor; systematische Reflexionen dieses Problemaspekts fehlen bisher.

3. Kritik und Entwicklungsperspektiven

Fasst man die gegenwärtig an der bzw. den historischen Kulturwissenschaft(en) geübte Kritik kurz zusammen, so lassen sich zumindest folgende Punkte nennen. Vor allem mündlich wird der Vorwurf erhoben, die Vertreterinnen und Vertreter dieses Feldes pflegten eine unreflektierte oder gar ignorante Selbsteinschätzung als neu und innovativ und träten entsprechend arrogant auf. Dass diese Attitüde vorkommt, ist nicht zu bestreiten; und richtig ist gleichermaßen, dass zahlreiche Kulturwissenschaftler souverän über bereits erarbeitete Erkenntnisse hinweggehen bzw. sie erst gar nicht zur Kenntnis nehmen. Einschlägige Elemente lassen sich auch in der Debatte darüber verfolgen, ob es sich bei der derzeitigen Disziplinen(en)konfiguration um eine „neue" oder eine erweiterte Rekonfiguration der „alten" Kulturgeschichte handelt.[26]

Zum Vorwurf wird ferner der Tatbestand oder die Vermutung erhoben, das historisch-kulturwissenschaftliche Feld habe sich sowohl bezüglich seiner Träger als auch seiner Adressaten gruppenspezifisch aufgesplittert oder gar individualisiert. Hinter dieser Einschätzung steht unmissverständlich das Modell der traditionellen Geschichtswissenschaft, die sich professionell etablierte und die Nation zum eigentlichen Adressaten ihrer Aussagen wählte. Dass Phänomenologie betrieben werde statt Geschichte mit historisch adäquater Tiefendifferenz, dass ästhetische Belanglosigkeit, Glasperlenspiele vorherrschten, sind weitere geläufige Anwürfe. An den zuletzt genannten Kritikpunkt schließt sich der Vorwurf der Vernachlässigung des Aspekts der Macht und damit vielleicht des Zentralfaktors jeglichen kollektiven menschlichen Zusammenhangs überhaupt an. Die bereits notierte Ansiedelung der historischen Kulturwissenschaft(en) zwischen oder am Rande der ‚bewährten' Disziplinen und der Verzicht auf disziplinäre theoretisch-methodische Stringenz wird gelegentlich als Schädigung des bewährten Disziplinengefüges ausgelegt. Geläufig ist ferner der Vorwurf, angesichts fehlender Systematik, methodischer Ernsthaftigkeit und Nachhaltigkeit eine Modeerscheinung darzustellen.[27]

---

[26] Ein Vertreter der Auffassung, dass von einer „Neuen" Kulturgeschichte kaum die Rede sein könne, ist z.B. Michael Maurer: Alte Kulturgeschichte? In: Historische Zeitschrift 280 (2005), S. 281-304.

[27] Vgl. die Bemerkungen bei Tschopp, Forschungskontroversen [wie Anm.5], S. 74f., 78 u.ö., sowie für einen ernst zu nehmenden jüngeren historischen Beitrag Andreas Rödder: Klios neue Kleider. Theoriedebatten um eine Kulturgeschichte der Politik in der Moderne. In: Historische Zeitschrift 283 [2006], S. 657-688.

Damit kommen wir zum letzten hier zu behandelnden Aspekt, den Entwicklungsperspektiven der so skizzierten historischen Kulturwissenschaft(en). Erst recht auf dieser Ebene ist nur eine reichlich subjektive Projektion möglich.

Was unabdingbar erscheint und ungeachtet aller Schwierigkeiten in gewisser Weise bereits in Entwicklung begriffen ist, ist eine Einigung aller Beteiligten auf einen situationsgemäß breiten, aber dennoch zumindest eine Leitperspektive konstituierenden Begriff von Kultur bzw. Kulturwissenschaft, der die „theoretische" wie die „praktische" Dimension einbezieht. Historische Kulturwissenschaft(en) befasst/befassen sich mit den Voraussetzungen, Erscheinungsformen und Folgen individueller und kollektiver Wahrnehmung, Orientierung bzw. Sinnstiftung und Handlungsgestaltung – das wäre ein mittlerweile zumindest im Augsburger Studienkontext bewährter Vorschlag.

Gerade die dezidiert kritischen Vertreterinnen und Vertreter des Feldes könnten sich unter Umständen darüber hinaus auf eine spezifische Variante der historischen Anthropologie als Mikroleiterkenntnisperspektive einigen, konkret die Erforschung und Dekonstruktion des oben bereits angesprochenen modernen Leitbildes des *homo oeconomicus*. Von einer derzeitigen Position aus liegt die Einigung auf Weltgeschichte als Makroperspektive ebenfalls unter kritischer Maßgabe, also vor allem im Hinblick auf die ökologische Frage, nahe. Theoretisch und methodisch scheint mir – aber dieser Komplex ist wohl am umstrittensten – eine stringent sozialwissenschaftliche Lösung, natürlich hermeneutisch angereichert, die beste Lösung zu sein; „beste" in dem Sinne, dass sowohl die eigene wissenschaftliche Arbeit in rationaler, intersubjektiv nachvollziehbarer und damit tragfähigster, fruchtbarster Weise organisiert werden kann, als auch und im Sinne der akademisch-wissenschaftsinternen und gesellschaftlich-externen nachhaltigen Anerkennung.

Nur auf dieser Grundlage, so meine Überzeugung, kann die potentiell bereits begonnene Entwicklung hin zur theoretischen wie institutionellen Formierung einer programmatisch durchaus weiterhin eklektischen, ihre Innovationsfreude beibehaltenden und fördernden Disziplin neuen Typs bzw. eines historisch-kulturwissenschaftlichen Feldes mit nachvollziehbaren Außengrenzen und nachhaltiger Autonomie und Stabilität, aber dennoch hinreichender Offenheit, unterstützt und beschleunigt werden.

Katharina Keim

Spielformen der Mehrsprachigkeit im zeitgenössischen deutschen Theater – performative Transformation oder Affirmation national definierter Theaterkultur-Begriffe?

I. Zur Positionierung der Theaterwissenschaft innerhalb der Kulturwissenschaft(en)

IM Rahmen der gegenwärtig zu verzeichnenden kulturwissenschaftlichen Orientierung der Geisteswissenschaften nimmt die Theaterwissenschaft nicht zufällig eine federführende Stellung ein. Bedingt wird dies in erster Linie schon durch ihre primären Untersuchungsgegenstände, nämlich dem Theater als Kunstform sowie paratheatralen kulturellen Inszenierungsformen. Seit der Etablierung der Disziplin in Deutschland durch Max Hermann u.a. zu Beginn des 20. Jahrhunderts musste die Theaterwissenschaft die in den Philologien im 19. Jahrhundert etablierte nationale Ausrichtung quasi zwangsläufig hinter sich lassen. Ebenso verlangte die Konzentration auf die theatrale Aufführung bzw. sonstige kulturelle Praktiken mit Inszenierungscharakter von vornherein eine Einbeziehung der verschiedenen Darstellungsmedien sowie der Zeichenpraxis jenseits der verschrifteten Sprache.[1] So mag es denn auch kaum verwundern, dass die von Seiten der Literatur- und Medienwissenschaften in jüngerer Zeit eingeforderte verstärkte Einbeziehung anthropologischer Fragestellungen, der Oralitätsforschung, der Intermedialitäts- und Interkulturalitätsdiskussion sowie ein semiotisch erweiterter Textbegriff in der stets international ausgerichteten Theaterwissenschaft wissenschaftstheoretisch seit Jahrzehnten längst Einzug gehalten haben, wodurch auch ihre – vor allem in Deutschland – kulturwissenschaftliche Vorreiterrolle sinnfällig wird. Diese transdisziplinä-

---

[1] Vgl. hierzu: Erika Fischer-Lichte: Ästhetik des Performativen. Frankfurt/M. 2004, insb. die übergreifenden Darstellungen in Kapitel 1 und 2.

re Ausrichtung der Theaterwissenschaft ist, wie bereits angedeutet, in erster Linie ihrem Gegenstand geschuldet, fällt doch ihre Gründung als universitäre Disziplin nicht zufällig zusammen mit jener Phase der beispielhaften Rezeption interkultureller, inbesondere fernöstlicher Theaterpraktiken, die seit dem letzten Drittel des 19. Jahrhunderts insbesondere auf den Weltausstellungen nach Europa importiert wurden und in der Folge die Entliterarisierung des Theaters bewirkten. Überdies wirkten auch die Lebensreformbewegung um 1900 sowie die Arbeiterkulturbewegung impulsgebend für die Entstehung neuer, nicht-literarischer Theaterformen – man denke nur an den Ausdruckstanz – sowie für die Annäherungen von Hoch- und Populärkultur von der Laienkunstbewegung über den Proletkult bis hin zu ihrer Übernahme in den propagandistischen Masseninszenierungen der Nationalsozialisten.

Zwar ist nun sicherlich für das Theater mit seiner spezifischen Zeichenhaftigkeit, die die Zeichen der umgebenden Lebensrealität als ikonische abbildet, das Spannungsverhältnis zur Alltagskultur noch konstitutiver als für die anderen Künste und somit bestimmend für die gegenstandsorientierte interdisziplinäre Ausrichtung der Theaterwissenschaft. Ebenso nahe liegend ist es jedoch, die sich anbahnende kulturwissenschaftliche Perspektivierung der Geisteswissenschaften primär in einem sozio-politisch motivierten Wandel des Kulturbegriffs in jüngerer Zeit zu verorten. Mit dem Ende der ideologischen Spaltung Europas nach 1990 sind nicht nur die Definitionskriterien von Nationalität völlig obsolet geworden, auch haben die Problematiken der Globalisierung und Migration mit ungeahnter Vehemenz ins Alltagsleben Einzug gehalten. War der Kulturbegriff in Europa traditionell vor allem regional oder national definiert und konnte im Rahmen der Migrationskultur in den letzten Jahrzehnten noch mit den Hilfskonstruktionen von Ausgangs- bzw. Herkunfts- und Zielkultur operiert werden, sind diese Kriterien nun vollends obsolet geworden. Ähnlich wie in den postkolonialistischen Territorien oder den traditionellen, stark europäisierten Einwandererkontinenten lässt sich der Kulturbegriff kaum mehr einheitlich lokalisieren. Die in der europäischen Aufklärung zementierten kulturellen Ordnungsschemata Sprache, Religion, Ethnizität, voraussetzbares kulturelles Vorwissen etc. drohen – trotz politischer Rettungsversuche, die sich in Forderungen nach einer „Leitkultur" oder einem „Bildungskanon" artikulierten – mehr und mehr zu versagen und werden allmählich, ähnlich wie in anderen Kontinenten, ersetzt durch das von dem indisch-US-amerikanischen Wissenschaftler Homi K. Bhabha propagierte folgenreiche

Konzept „hybrider Kulturen". Kultur wird hier nicht länger als eine feststehende Entität angesehen, deren Träger eine Gemeinschaft oder Gesellschaft ist, sondern vielmehr als ein Geschehenszusammenhang, also als eine pragmatische Kategorie, deren Konturen im Spiel der Differenzen stets neu markiert werden müssen.[2] Gleichzeitig erschließt dieses Konzept von unverkennbar dekonstruktivistischer Provenienz dem Individuum mit seinen multiplen Identitäten neue Möglichkeiten der Verortung im Raum der Kultur(en). Kulturelle Praxis kann hier zum Experimentierfeld neuer sozialer Realitäten avancieren und ihre performative Dimension ausspielen.

Während kulturelle Inszenierungspraktiken – allen voran der religiöse Ritus und das davon abgeleitete profane Ritual – bekanntlich in bestimmten Maße wirklichkeitskonstituierende Wirkungen zeitigen, zeichnete sich auch in der Theaterkunst des 20. Jahrhunderts mehr und mehr die Tendenz einer zunehmenden Grenzverwischung zwischen dem Bereich des Ästhetisch-Fiktiven und der sozio-kulturellen Realität ab. Ausgehend von Tendenzen der historischen Avantgarde hat gerade die Performance-Kunst seit den späten 1960er Jahren den konsequenzverminderten Charakter theatraler Darstellungen partiell in Frage gestellt. Theoretisch wurde diese mehr oder weniger direkte realitätsverändernde Funktion symbolischer Handlungen bekanntlich fundiert durch den Rückgriff auf John Austins pragmatisch ausgerichtete sprachphilosophische Abhandlung *How to do things with words*. Bevor allerdings der von Austin geprägte linguistische Begriff des Performativen zu seiner steilen Karriere in den Kulturwissenschaften angesetzt hat, etablierte sich in der Theaterwissenschaft zunächst Anfang der 1990er Jahre quasi als Vorläufer die kulturhistorisch ausgerichtete Theatralitätsforschung, die vor allem von dem Berliner Theaterwissenschaftler Helmar Schramm vertreten wird. In der Zusammenschau von Theater als metaphorischem, rhetorischem und ästhetischem Modell gelingt es ihm, Theatralität als ein „interdisziplinäres Diskurselement" auszuweisen.[3] Der Terminus Theatralität geht zurück auf die Begriffsprägung des revolutionären russischen Theaterkünstlers Nikolas Evreinov, der den

---

[2] Vgl. zu diesem Komplex die kenntnisreiche Zusammenfassung von Markus Fauser: Einführung in die Kulturwissenschaft. Darmstadt ³2006, S. 38f.
[3] Siehe hierzu insbesondere die Schriften von Helmar Schramm: Theatralität und Öffentlichkeit. Vorstudien zur Begriffsgeschichte von „Theater". In: Ästhetische Grundbegriffe. Studien zu einem historischen Wörterbuch. Hrsg. von Karlheinz Barck, Martin Fontius und Wolfgang Thierse. Berlin 1990, S. 202-242; sowie: ders.: Karneval des Denkens. Theatralität im Spiegel philosophischer Texte des 16. und 17. Jahrhunderts. Berlin 1996.

Neologismus „teatral'nost" für das Russische geprägt hat. In der Folge wurde versucht, mit Theatralität zunächst einmal die Spezifika des Kunstmodells Theater zu umschreiben, analog zu dem von Roman Jakobson geprägten Begriff der „Literarizität". Auf Grund der Entstehung des Begriffes „Theatralität" im gesellschaftlichen und ästhetischen Kontext des russischen Theateroktobers, der gerade auf eine Verwischung der Grenzen zwischen theatraler Fiktion und faktischer Realität abzielte, indem z.b. die Erstürmung des Winterpalasts vor der tatsächlichen historischen Kulisse mit Tausenden von Darstellern aus dem russischen Volk nachgespielt wurde, lag seine Übertragung als Beschreibungsmodell für sog. paratheatrale Ereignisse nahe. Rituale, frühneuzeitliche Fürstenfestzüge, die spektakulären Demonstrationen wissenschaftlicher Erkenntnisse eines Otto von Guericke bis hin zum zeitgenössischen Polittheater – all dies konnte nun unter dem Stichwort der Theatralität lebensweltlicher Ereignisse und Inszenierungsformen als potenzielle Forschungsfelder der Theaterwissenschaft erschlossen werden. In der „Gesellschaft des Spektakels" (Guy Debord) und vor dem Hintergrund der These der „Simulation" (Jean Baudrillard), wo sich so ziemlich alle lebensweltlichen Phänomene als nach dem für das Kunstmodell Theater konstitutiven Modell der Inszenierung realer gesellschaftlicher Kontexte zurückführen lassen, konnte die Theaterwissenschaft binnen eines Jahrzehnts zur modellbildenden Super-Wissenschaft unter den Kulturwissenschaften avancieren.

Allerdings stieß eine derartige Ausweitung des Theatralitäts- und damit auch verbunden des Theaterbegriffs rasch an ihre Grenzen. Zum einen geriet der ‚eigentliche' Gegenstand der Theaterwissenschaft, nämlich die theatrale Aufführung, zunehmend in den Hintergrund. Zum anderen bot die Theatralitätsforschung kein Instrumentarium, um genau jenen Punkt der Transformation von für die Neuzeit konstitutiven nicht-religiösen Inszenierungspraktiken – wie etwa Rituale – sowie Theaterkunstformen seit dem 20. Jahrhundert in soziale Realitäten adäquat zu erfassen. Auch die Emergenz neuer theatraler Ästhetiken und die damit verbundene Veränderung kultureller Praktiken ließ sich damit kaum beschreiben. Einen Ausweg aus dieser Sackgasse bot die von Judith Butler ins Spiel gebrachte Re-Aktualisierung von Austins Verständnis von Performativität. Diese beruht – wie bereits angedeutet – letztlich darauf, dass unter bestimmten Umständen symbolische Handlungen durch ihren bloßen Vollzug außersymbolische Tatbestände schaffen können.⁴ Judith Butlers Verdienst besteht gerade darin, den performativen Sprechakt nicht allein durch die soziale Ermächtigung des ihn Vollziehenden zu legitimieren. Vielmehr erschließt sie durch den Verweis auf seine – Derridas Begriff der Iterabilität entlehnten – Zitatförmigkeit („citationality"), auf der letztlich auch der Ritual-Charakter des Sprechakts beruht, eine ganz neue Dimension: In der Wiederholbarkeit des performativen Sprechakts liegt nämlich auch die Möglichkeit begründet, ihn von den ihn stützenden Konventionen abzulösen und damit letztlich auch die Strukturen, auf denen sein Gelingen vorher basierte, fundamental zu verändern. Dieser, als „Resignifikation" bezeichnete Vorgang, lässt die Idee eines vorgängigen Systems dahin schwinden zugunsten der Akzentuierung einer pragmatischen Dimension, die weder auf ein sozial ermächtigtes noch identifizierbares Subjekt rückführbar ist.

Eben dieser Ansatz lässt sich sowohl auf ästhetische wie auch auf soziale Praktiken anwenden und ermöglicht die Erkundung von nicht-offiziellen Spielräumen unter Umgehung der Fragen nach Urheber- bzw. Autorschaft als Ausgangspunkt möglicher kultureller Transformationen. Auf seiner Grundlage konnte sich letztlich der von Erika Fischer-Lichte eingeläutete „performative turn" in der Theaterwissenschaft vollziehen und der soziokulturellen Relevanz ästhetischer und geistesgeschichtlicher Fragestellungen einen schärferes Profil verleihen.⁵

Angesichts des bisher Gesagten versteht es sich quasi von selbst, dass unter dem Vorzeichen des „performative turn" bislang keine kohärenten Methoden entwickelt wurden. Vielmehr handelt es sich um eine Vorgehensweise, die versucht, mit – dem poststrukturalistischen Denken verwandten – Suchfeldern zu operieren, wie etwa Transformation, Autopoiesis, Emergenz und diese auf konkrete, i.d.R. ästhetische Ereignisse anzuwenden. Dabei werden insbesondere zentrale, sich den gängigen Analyserastern entziehende populäre Begrifflichkeiten wie „Ereignis" oder „Atmosphäre" in den Blickwinkel genommen, um neue Verfahren der analytischen Annäherung an kulturelle und ästhetische Phänomene zu erproben.

---

[4] Zu Butlers Auffassung von Performativität und Transformation vgl. die prägnante Darstellung von Sybille Krämer: Sprache, Sprachakt, Kommunikation. Sprachtheoretische Positionen des 20. Jahrhunderts. Frankfurt/M. 2001, S. 241-260.
[5] Zum „performative turn" siehe: Silvia Serena Tschopp: Forschungskontroversen. In: Silvia Serena Tschopp, Wolfgang E. J. Weber: Grundfragen der Kulturgeschichte. Darmstadt 2007, S. 24-122, hier S. 111-122.

II. Formen der Mehrsprachigkeit auf dem Theater – Historischer Abriss und Typologie

Parallel zum „performative turn" der Theaterwissenschaft ist das Aufkommen einer multilingualen Theaterkultur zu konstatieren, die ein primär kognitiv-sprachliches Verständnis der Bühnenhandlung ersetzt durch ein Nebeneinander verschiedener natürlicher Sprachen, in denen vor allem eine non-verbale Bühnensprache dominiert. Diese kaum institutionell erklärbare Emergenz einer neuen Theaterform unterscheidet sich hierin von den sich in Kontinentaleuropa seit der Aufklärung im 17. und 18. Jahrhundert herausgebildeten, i.d.R. monolingualen und auf der theatralen Umsetzung von vorher schriftlich fixierten Theatertexten basierenden Theaterkulturen. Letztere entstehen u.a. aus dem Impuls, das Theater als ein öffentliches Forum zu etablieren, wo die nationale und kulturelle Hegemonie einzelner Staaten zelebriert oder zumindest – wie im Falle von Deutschland – eingefordert werden soll.[6] Dabei wird die Schaffung einer (auch in den zeitgenössischen Poetiken propagierten) sprachlichen sowie semiotischen Homogenität intendiert, deren Kenntnis bzw. Decodierungsfähigkeit ihrerseits auch beim Publikum vorausgesetzt wird. Signifikanterweise sind voraufklärerische europäische sowie einige traditionelle außereuropäische Theaterformen nicht durch eine solche Homogenität gekennzeichnet.[7] Schon für das geistliche Spiel des Mittelalters war bekanntlich das Nebeneinander von Latein

---

[6] Nicht weiter berücksichtigt werden soll hier die Entstehung von Minderheiten- bzw. Exiltheatern einzelner ethnischer bzw. sprachlicher Minderheiten, wie sie sich insbesondere – vor allem in den Territorien der österreichischen Monarchie ab dem späten 18. Jahrhundert – in Mittel- und Osteuropa bzw. später vor allem auch in Nordamerika sowie im 20. Jahrhundert in den Sowjetrepubliken herausbildeten. Zu konstatieren ist in diesem Fall ein Nebeneinander von per se monolingualen Theatern, die von einer bestimmten Sprachgemeinschaft, meist mit staatlicher Förderung, getragen werden (exemplarisch zu finden beispielsweise im heutigen Rumänien, wo seit dem 18./19. Jahrhundert bis heute ein Nebeneinander von deutschen, ungarischen und jiddischen bzw. jüdischen staatlichen Minderheitentheatern existiert.) In Einzelfällen kam es hier, insbesondere im 19. und frühen 20. Jahrhundert, zu besonderen Formen der Mehrsprachigkeit, indem einzelne Hauptrollen bzw. -partien von Virtuosen, die einer anderen Sprachgemeinschaft angehörten, in deren Muttersprache vorgetragen und in die Aufführungen integriert wurden.

[7] Hierauf weist der US-amerikanische Theaterwissenschaftler Marvin Carlson in der ersten, der Thematik der Mehrsprachigkeit auf dem Theater gewidmeten umfassenden Studie ausdrücklich hin. Marvin Carlson: Speaking in Tongues. Languages at Play in the Theatre. Michigan 2006.

und Volkssprache konstitutiv. Die Darsteller der Commedia dell'arte, welche die professionelle Schauspielkunst auf dem europäischen Kontinent seit dem 16. Jahrhundert verbreiteten, spielten auf Italienisch vor einem fremdsprachigen Publikum. Auch das sog. Volkstheater basierte bis weit ins 19. Jahrhundert hinein nicht selten auf regionalen Dialekten, die sich von der Hochsprache bisweilen deutlich abgrenzten. Besonders interessante Spielformen von Mehrsprachigkeit finden sich im fernöstlichen Theater: So sind etwa im altindischen Theater Passagen in Sanskrit dem Adel zugeordnet, wohingegen die Darsteller des einfacheren Volkes sich in Pakrit äußern. Im balinesischen Theater wird auf ältere Sprachstufen (Sanskrit, Alt- und Mitteljavanisch) rekurriert, um über Ereignisse aus der Vergangenheit zu erzählen, wohingegen in der Gegenwart stattfindende Geschehnisse in Balinesisch bzw. modernem Indonesisch berichtet werden.[8]

Seit der theatralen Neoavantgarde der 1960er Jahre wird in mannigfaltiger Form auf diese Tendenzen zurückgegriffen: Das Volkstheater seit den 1960er Jahren sucht im Dialekt bzw. Soziolekt oder in der Entwicklung von eigenen Kunstsprachen eine eigene Ausdrucksform für die Darstellung der Lebensrealität nicht-bürgerlicher unterprivilegierter Schichten. Vor allem interkulturelle Theaterformen, die sich als eine Auseinandersetzung mit außereuropäischen Kulturkreisen verstehen und meist über ein buntes internationales Ensemble verfügen – man denke hier nur an Peter Brooks, Eugenio Barbas oder Ariane Mnouchkines Truppen – experimentieren mit dem Nebeneinander unterschiedlicher Sprachen oder Akzente bis hin zur Entwicklung einer rein onomatopoetischen Sprachpraxis in Peter Brooks und Ted Hughes „Orghast"-Projekt von 1971.

Die entscheidenden Impulse für theatrale Mehrsprachigkeit stammen denn auch bezeichnenderweise aus außereuropäischen postkolonialen Kulturkreisen.[9] Hier findet das Konzept kultureller Hybridität schon rein sprachlich seinen Niederschlag in synkretischen Sprachen, wie etwa Pidgin oder Kreolisch, sowie im konstanten Nebeneinander verschiedener Verkehrssprachen. Lebensweltlich motiviert werden hier die Positionen von gesellschaftlichen Außenseitern oder Unterdrückten dramaturgisch durch Bi- oder Multilingualität zum Ausdruck gebracht. Damit erweist sich auch die Rezeptionsperspektive des Publikums durch kalkuliertes Verstehen bzw. Nicht-Verstehen als entsprechend manipulierbar und Sprache enthüllt sich

---

[8] Carlson, Speaking in Tongues [wie Anm. 7], S. 25f.
[9] Vergleiche hierzu: Christopher Balme: Theater im postkolonialen Zeitalter. Tübingen 1995, insb. Kap. V.12. S. 126ff.

als Herrschaftsinstrument. Derlei Techniken finden sich allerdings bereits im europäischen Literaturtheater beim nach wie vor meist gespielten Theaterautor der Neuzeit, bei William Shakespeare. In *Heinrich V.* muss die französische Prinzessin Katherine im III. Akt rasch bei ihrer Amme einen Intensiv-Sprachkurs belegen, um dann im V. Akt ihrem Freier und künftigen Ehemann, dem englischen Eroberer und Sieger in der Schlacht von Azincourt, König Heinrich V., auf seinen Werbungsdialog Paroli bieten zu können:

> KING HENRY: Fair Katherine and most fair
> Will you vouchsafe to teach a soldier terms
> Such as will enter at a lady's ear
> And plead his love-suit to her gentle heart?
>
> KATHERINE: Your majesty shall mock at me; I cannot speak your England.
>
> KING HENRY: O fair Katherine, if you will love me soundly with your French heart; I will be glad to hear you confess it brokenly with your English tongue. Do you like me, Kate?
>
> KATHERINE: Pardonnez moi; I cannot tell wat is 'like me'.
>
> KING HENRY: An angel is like you, Kate, and you are like an angel.
>
> KATHERINE: *Que dit-il? Que je suis semblabe à des anges* ? [...]
>
> KING HENRY: I said so, dear Katherine, and I must not blush to affirm it.
>
> KATHERINE: *O bon Dieu! Les langues des hommes sont pleines de tromperies.*
>
> KING HENRY: What says she, fair one? That the tongues of men are full of deceits? [...]
> The Princess is the better Englishwoman. I'faith, Kate, my wooing is fit for thy understanding. I am glad thou canst speak no better English; for if thou couldst, thou wouldst find me such a plain king that thou wouldst think I had sold my farm to buy my crown. I know no ways to mince it in love but directly to say, 'I love you': then if you urge me farther than to say, 'Do you, in faith?' I wear out my suit. Give me your answer, I'faith, do; and so clap hands, and a bargain. [...] Speak, my fair, and fairly, I pray thee.
>
> KATHERINE: Is it possible dat I sould love de *ennemi* of *France*?
>
> KING HENRY: No, it is not possible you should love the enemy of France, Kate; but in loving me you should love the friend of France, for I love France so well that I will not part with a village of it – I will have it all mine: and Kate, when France is mine, and I am yours, then yours is France, and you are mine.
>
> KATHERINE: I cannot tell wat is dat.
>
> KING HENRY: No, Kate? I will tell thee in French [...] *Je quand – sur le possession de France, et quand vous avez le possession de moi,* - let me see, what then? Saint Denis by my speed ! – *donc vôtre est France, et vous êtes mienne* [...]

KATHERINE : *Sauf votre honneur, le francais que vous parlez, il est meilleur que l'anglais lequel je parle.*[10]

Die Intention der Zweisprachigkeit in *Henry V.* ist offensichtlich: Die feindliche Übernahme Frankreichs, die durch die bevorstehende Heirat Henrys mit Katherine friedlich besiegelt werden soll, vollzieht sich dialogisch als Übernahme der Sprache der Sieger. Das bilinguale Liebesgeplänkel dient primär dazu, imperialistische Machtinteressen auf der sprachlichen Ebene durchzusetzen, und Henry vermag es nur spärlich mit dem Mäntelchen emotionaler Annäherung zu verhüllen.

Ein weiterer Blick auf die Dramengeschichte verrät allerdings rasch, dass binationaler bzw. bi-kultureller Austausch keineswegs auf die Verwendung unterschiedlicher natürlicher Sprachen beschränkt sein muss. Im III. Akt von Goethes *Faust 2* finden Faust und Helena bekanntlich auch sprachlich zueinander. Bei ihrem ersten Auftritt präsentiert sich Helena vor dem Palast des Menelaos in Sparta im sechshebigen Jambus, der dem Versmaß der Epeisodia der altgriechischen Tragödie, also dem iambischen Trimeter, geschuldet ist, und verleiht so ihrer kulturellen und sprachlichen Herkunft Ausdruck: „Bewundert viel und viel gescholten, Helena".[11] In der folgenden Begegnung mit Faust im „Inneren Burghof" gleicht sie sich sukzessive seinem privilegierten Versmaß, dem jambischen Fünfheber, an, und der Gleichklang der Seelen des Pärchens findet sogleich sein Pendant im Paarreim, mit dem Helena das jeweils von Faust vorgegebene Hemistichion vollendet:

HELENA (zu Faust): Vielfache Wunder seh ich, hör ich an.
    Erstaunen trifft mich, fragen möchte ich viel.
    Doch wünscht ich Unterricht, warum die Rede
    Des Manns mit seltsam klang, seltsam und freundlich.
    Ein Ton scheint sich dem andern zu bequemen,
    Und hat ein Wort zum Ohre sich gesellt,
    Ein andres kommt, dem ersten liebzukosen.
FAUST: Gefällt dir schon die Sprechart unsrer Völker,
    O so gewiß entzückt auch der Gesang,
    Befriedigt Ohr und Sinn im tiefsten Grunde.
    Doch ist am sichersten, wir üben's gleich;
    Die Wechselrede lockt es, ruft's hervor.

---

[10] William Shakespeare: Henry V. London 1968, S. 159-162 (V/2, Vers 98-187).
[11] Johann Wolfgang von Goethe: Faust. Der Tragödie zweiter Teil. Stuttgart 1971, S. 115 (III/1,I Vers 8488).

> HELENA: So sage denn, wie sprech ich auch so schön?
> FAUST: Das ist gar leicht, es muß von Herzen gehen.
> Und wenn die Brust von Sehnsucht überfließt,
> Man sieht sich um und fragt –
> HELENA: wer mitgenießt.
> FAUST: Nun schaut der Geist nicht vorwärts, nicht zurück,
> Die Gegenwart allein –
> HELENA: ist unser Glück.
> FAUST: Schatz ist sie, Hochgewinn, Besitz und Pfand;
> Bestätigung, wer gibt sie?
> HELENA: Meine Hand.[12]

Mehrsprachigkeit im Drama und im Theater realisiert sich also nicht allein im Bereich verschiedener natürlicher Sprachen, also auf der sog. interlingualen Ebene. Vielmehr kann sie sich bereits innerhalb des Systems einer natürlichen Sprache realisieren, also auf der intralingualen Ebene, wobei die Metrik der poetischen Sprache natürlich nur eine von vielen möglichen Varianten ist. Auf dem Theater werden die sprachlichen Zeichen bekanntlich in das nicht-sprachliche Zeichensystem der Bühnensprache umgesetzt, das eine Fülle von mimischen, gestischen, kinetischen usw. Ausdrucksmöglichkeiten umfasst, es handelt sich also um eine intersemiotische Transformation.[13] Hierbei ist anzumerken, dass alle drei Arten der Übersetzung – die intralinguale, die interlinguale und die intersemiotische – als kulturelle Transferprozesse anzusehen sind. Diese sind abhängig vom jeweiligen kulturellen (lokal und temporal definierten) Kontext und unterliegen bestimmten, meist normierten, poetologischen (z.B. gattungs- und zielgruppenspezifischen) und theatralen (oft national bzw. regional ausdifferenzierten) Darstellungskonventionen. Somit realisiert sich Mehrsprachigkeit auf der Bühne i.d.R. als eine komplexe Auseinandersetzung von drei verschiedenen Ebenen:

a) der Wahl von sozio- und dialektalen sowie metrisch-rhythmischen Varietäten innerhalb einer natürlichen Sprache,

b) dem – die Rezeptionsperspektive und damit das globale Verständnis stark dominierenden – Transfer zwischen verschiedenen natürlichen Sprachen,

---

[12] Goethe, Faust 2 [wie Anm. 11], S. 140f (Vers 9365-9384).
[13] Zur Übersetzungstypologie siehe: Roman Jakobson: Linguistic Aspects of Translation. In: On Translation. Hrsg. von Reuben A. Brower. Cambridge, 1959, S. 232-239.

c) der auf bestimmten (meist national bzw. theaterspartenspezifisch kodierten) Darstellungskonventionen der Bühnenrealisierung, die sich gleichwohl im Prozess der theatralen Performanz gegenseitig transformieren können.

Da im europäischen Kulturraum größtenteils, im Gegensatz zu z.b. postkolonialen Territorien, nicht von einer prinzipiellen Zwei- oder Mehrsprachigkeit des Publikums ausgegangen werden kann, wundert es kaum, dass die Theater vor allem klassische Stücke, deren Handlungsstruktur den Zuschauern wenigstens rudimentär bekannt ist, inszenieren. Primär aus dramaturgischen Gründen werden solche mit deutlichen, sich bereits in der Personenkonstellation niederschlagenden Oppositionsstrukturen bevorzugt, wie sie z.B. in den Werken der griechischen Antike (z.b. bei Euripides' *Medea* oder *Herakliden*) bzw. bei Shakespeare oder Brecht zu finden sind.

III. Kulturelle Verortungen europäischer Identitäten – das Referenzmodell der Commedia dell'arte

Der aus Italien stammende Regisseur Roberto Ciulli und sein Dramaturg Helmut Schäfer vom Theater Mülheim an der Ruhr können wohl als eine Art Pioniere des interkulturellen Theaters in Deutschland angesehen werden. Ciullis und Schäfers Produktionen zeichnen sich durch eine starke dramaturgische Bearbeitung der verwendeten Textvorlagen aus; ihre Inszenierungen entstehen meist in enger Zusammenarbeit mit dem Ensemble in einem Work-in-Progress-Verfahren. Charakteristisch für ihre Theaterarbeit ist die permanente Auseinandersetzung mit anderen Theaterkulturen, wobei die praktische Arbeit mit professionellen Schauspieltruppen anderer Nationen, also nicht primär mit Migranten in Deutschland, sondern mit hochkarätigen Ensembles aus bzw. sogar in anderen Ländern, im Vordergrund steht.[14] Aus der 1987 begonnenen Zusammenarbeit mit dem Türkischen Staatstheater ging 1995 die viel beachtete mehrsprachige Inszenierung von Bertolt Brechts *Im Dickicht der Städte* hervor. Hier folgt die Multilinguali-

---

[14] Erol M. Boran weist in seiner Dissertation zum türkisch-deutschen Theater darauf hin, dass Ciulli in der Arbeit mit dem türkischen Staatstheater gerade eine „Ursprünglichkeit" in der Begegnung mit der anderen Theaterkultur suche, die bei den semi-professionellen Projekten türkisch-deutscher Migranten, deren Darstellungsästhetik zudem durch die „Fernsehästhetik" gefiltert sei, so nicht vorhanden sei. Siehe hierzu: Erol M. Boran: Eine Geschichte des türkisch-deutschen Theaters und Kabaretts. Ohio 2004, S. 187 ff.

tät recht klar nachvollziehbaren dramaturgischen Leitlinien: Die Gang des Chinesen Shlink spricht vor allem Türkisch, Garga und seine Familie sowie Jane werden von deutschsprachigen Darstellern verkörpert, die zwischen verschiedenen dialektalen Varietäten changieren. Die fehlende psychologische Motivation für Shlinks Handeln, der – als Metapher für die kapitalistische Ideologie – Garga moralisch korrumpieren und ruinieren will, wird hier umgesetzt als für das Publikum weitgehend unverständliche Sprachhandlungen. Der Zuschauer wird damit automatisch in die Position der Gargas gedrängt, während die Inhumanität der Fraktion Shlinks sich ganz buchstäblich dem menschlichen Auffassungsvermögen entzieht. Um das globale Verständnis des Bühnengeschehens für den Rezipienten zu wahren und gleichzeitig die sprachlichen Barrieren verbal zu thematisieren, ist Shlink bisweilen ein Souffleur mit Narrenkappe zur Seite gestellt. Die Gargas versuchen, wenn auch ziemlich erfolglos, Englisch als Verkehrssprache mit dem Fremden zu etablieren. Bereits im Prolog wird diese ideologische Verwirrung durch den mit spanischen und englischen Sprachfetzen um sich werfenden Zuhälter Collie angedeutet, der gleichwohl die Faszination und Verlockungen eines entfesselten Kapitalismus durch Musik, Tanz und eine perfekte Bühnenshow zu vermitteln weiß. Die Inszenierung oszilliert also zwischen sprachlicher Identifikation mit den Gargas einerseits und der Verführung der Sinne durch die fremdartige Kapitalistengang andererseits. Dadurch können letztlich der mehrfache Positionswechsel der zwischen den Fronten stehenden Hauptfigur Garga wie auch die selbstzerstörerischen Aktionen Shlinks als Inkarnation des Kapitalismus im Wahrnehmungsprozess tatsächlich nachvollzogen werden, ohne dass von vornherein eindeutige Sympathielenkungen und Identifikationspotenziale für die eine oder die andere Seite etabliert werden.

Geht man davon aus, dass die große Mehrheit des Theaterpublikums dieser Inszenierung i.d.R. nicht über genügend Kompetenzen verfügen dürfte, die Vielzahl der gesprochenen natürlichen Sprachen vollständig zu dekodieren bzw. darüber hinaus auch noch die verschiedenen deutschen Dialekte entsprechend zuzuordnen, so vollzieht sich das „Verstehen" dieser Aufführung sowie die Lust am Zuschauen in erster Linie auf der nichtsprachlichen Ebene der Darstellung, wie Gestik, Kinetik, Gesang, Musik sowie der sog. paralinguistischen Ebene, also den prosodischen Elementen Dynamik, Lautstärke, Intonation, Akzente, Pausen etc. Die Abkehr vom Wort als primärem Bedeutungsträger funktioniert im Bühnenspektakel des gebürtigen Italieners Roberto Ciulli in erster Linie durch Anleihen bei der

Darstellungsästhetik der Commedia dell'Arte. Diese im späten 16. Jahrhundert in Oberitalien entstandene erste professionelle Theaterform basiert bekanntlich auf durch Maske und Kostüm identifizierbaren Typen. Der dargestellte Plot existiert nur als canevaggio, also als Zusammenfassung der Handlung wie im späthellenistischen Mimos bzw. im römischen Mimus, nicht jedoch als schriftlich fixierter Dialog. Durch ihre längeren Gastspielreisen in Mittel- und Westeuropa vom späten 16. bis zum 17. Jahrhundert beeinflusste die Commedia dell'arte die Entwicklung der Schauspielästhetik wesentlich und kann somit als Wiege westeuropäischer neuzeitlicher Darstellungsästhetiken bis zur Entwicklung eines natürlichen Schauspielstils im späten 17. und dann im 18. Jahrhundert angesehen werden. Da diese Truppen ihr Repertoire in den verschiedenen Ländern stets auf Italienisch präsentierten, stand der körpersprachliche und visuelle Ausdruck der Bühnenhandlung im Vordergrund und sicherte das Verständnis der Bühnenhandlung. Das Publikum identifizierte lediglich die stereotypen Handlungsmuster und Figurentypen. Erst im 18. Jahrhundert wurde dieser Rezeptionsmodus ersetzt durch die psychologische Identifikation von Zuschauern und Schauspielern mit den dargestellten Rollen.

In der Fokussierung der Typenhaftigkeit und der Mehrsprachigkeit der Figuren gelingt es somit Ciulli und Schäfer, die von Brecht eingeforderte Entpsychologisierung des Theaters sowohl in Bezug auf den Darstellungsstil wie auch hinsichtlich der Zuschauerhaltung höchst überzeugend zu realisieren und damit auf zahlreichen Tourneen in Deutschland, Europa (inklusive der Türkei) das Publikum zu faszinieren. Betrachtet man nun allerdings diese Theaterarbeit aus der Perspektive des interkulturellen Austauschs, so drängt sich zunächst einmal die Frage auf, inwiefern in diesem multinationalen Projekt letztlich nicht doch die (west-)europäische Theaterkultur die Oberhand behält. Als schlagendes Gegenargument wäre hier anzuführen, dass – sieht man einmal von der Karagöz-Tradition und den sufistischen Derwisch-Gesängen und -tänzen ab – das türkische Theater heutiger Prägung letztendlich ein nach dem Vorbild west- und mitteleuropäischer Theaterkulturen geschaffenes synkretisches Produkt des Kemalismus ist. Seine Entstehung und somit auch seine Ästhetik erklärt sich primär im kulturellen Kontext der Bildung eines Nationalstaates nach europäischem Muster.

Auch die deutsche Regisseurin Karin Baier unternimmt in ihrer dezidiert europäischen Produktion von Shakespeares *Sommernachtstraum* den ambitionierten Versuch, im zusammenwachsenden Europa Mitte der 1990er

Jahre die sprachliche und kulturelle Vielfalt der einzelnen Nationen im Fundus der europäischen Schauspielgeschichte zu verorten. Mit einem eigens kreierten Ensemble von Schauspielern aus den verschiedensten west-, mittel-, und osteuropäischen Ländern sowie aus Israel wird hier auf der Grundlage einer speziell angefertigten mehrsprachigen Textfassung der Athener Wald zum symbolischen Schauplatz der sprachlichen und körperlichen Annäherung der Figuren als Repräsentanten der verschiedenen Nationen, deren schwelende Konflikte schließlich in komödiantischen Paarkonstellationen befriedet werden. Die Liebesirrungen und -wirrungen der dramatis personae sind hier dargestellt durch eine geschickte Amalgamierung verschiedener natürlicher Sprachen: Verzweifelt versuchen die verschmähten Liebenden die undurchschaubaren Beweggründe der Anderen durch die verzweifelte Übernahme der jeweils anderen Sprache verstehen zu wollen. Auch für den noch so sprachunkundigen Zuschauer bleiben die Konflikte aber stets nachvollziehbar, werden doch die universal verständlichen Schlüsselwörter „problem" und „amore" unermüdlich in allen möglichen Sprachen durchdekliniert. Diese sprachliche Identifikation der Figuren wird – insbesondere in den Spiel-im-Spiel-Szenen – ergänzt durch explizite darstellerische und verbale Anklänge an die besonderen Schauspieltraditionen der einzelnen Länder. Die Italiener repräsentieren die Commedia dell'arte, die Deutschen den epischen Schauspielstil Brechts, die Franzosen zelebrieren die rhetorische Tradition des klassizistischen Stils, die Russen entpuppen sich als Vertreter von Stanislawskis „Methode", und die Polen sind getreue Schüler des „Armen Theaters" von Grotowski.

Trotz aller sprachlich-kulturellen Diversifizierung beruht die verbal- und körpersprachliche Zuschreibung der figuralen und nationalen Identitäten zu bestimmten Kulturen sowie die damit verbundene Sicherung des Handlungsverständnisses des Zuschauers auf zwei klar identizifierbaren Säulen: Textuelles Fundament ist Shakespeare als Begründer der neuzeitlichen europäischen Dramatik, welcher sich insbesondere in diesem Stück überdies durch den Handlungsort Athen auch noch auf die griechische Antike als Wiege des europäischen Dramas beruft. Entsprechend wird beim Zuschauer eine zumindest rudimentäre Kenntnis der Aktion des *Sommernachtstraums* vorausgesetzt. Die gemeinsame darstellungsästhetische Basis bildet auch hier – trotz aller Anspielungen auf europäische Schauspieltheorien – die Körperästhetik, Improvisationskunst und Typenkostümierung der Commedia dell'arte als gemeinsamer Fundus aller europäischen theatralen Darstellungspraktiken. Sie ist letztlich der Ariadnefaden, der das Publikum sicher durch das Labyrinth der Polyglossie und wechselnden Figurenkonfigurationen manövriert. Die mit dieser jahrelang durch ganz Europa tourenden fulminanten Inszenierung zelebrierte künstlerische europäische Einigung und Verständigung gründet sich also letztendlich klar auf der Existenz gemeinsamer kultureller Ursprünge und Wurzeln in Drama und Theater, die in der Aufführung auf allen drei theatralen Ebenen ihre Wirkung zeitigen: Sie sichern auf der Ebene der Darstellung das Zusammenspiel der multinationalen Truppe, sie ermöglichen auf der Ebene des Dargestellten die multilinguale Kommunikation unter den dargestellten Figuren, und sie garantieren letztlich auch das globale Verständnis des gesamten Bühnengeschehens für das Publikum jenseits aller nationalsprachlichen oder kulturellen Grenzen und Identitäten, welche hier letztendlich stets respektiert und niemals in Frage gestellt werden.

IV. Jenseits der Nationen? – Theater als Ritual

Die Euphorie der Europäisierung währte nun aber bekanntlich nur kurz. Der Wegfall des ideologischen Ost-West-Konflikts wurde rasch überlagert durch die Tendenz zur Globalisierung und der damit verbundenen Vorherrschaft der US-amerikanischen Hegemonialmacht. Hinzu kam das Aufkeimen religiös motivierter Auseinandersetzungen, vor allem zwischen christlicher und islamischer Welt, die spätestens seit dem 11. September 2001 offenkundig wurden. Angesichts einer Gesellschaft der globalen Migration ließ sich der europäische Gedanke einer Rückbesinnung auf die gemeinsamen kulturellen Wurzeln und Traditionen kaum mehr aufrecht erhalten und erwies sich für die Idee der Integration des Fremden als zunehmend problematisch. Die von einem abgrenzbaren Mosaik verschiedener Kulturen ausgehende Idee der Multikulturalität wird mittlerweile als eine gescheiterte angesehen, das neue Schlagwort der Stunde heißt „intercultural mainstreaming". Zudem lässt sich mittlerweile die Migrantenkultur der dritten Generation in Deutschland nicht mehr unter Rekurs auf ihre Herkunftsländer erfassen, sondern hat längst eigenständige synkretische Kulturformen entwickelt, die allerdings bislang nur sporadisch – wie etwa im Falle des Schriftstellers und Theaterautors Feridun Zaimoglu – von den etablierten deutschen Kulturinstitutionen zur Kenntnis genommen werden.

Es stellt sich daher die Frage, wie sich das zeitgenössische Theater diesen Herausforderungen stellt. Unter Rekurs auf den bereits erwähnten, zwischen den 1960 bis 1990er Jahren entwickelten Fundus des interkulturellen Theaters eines Peter Brook, Eugenio Barba bzw. einer Ariane Mnouchkine, die sich alle dezidiert mit außereuropäischen Theaterformen und internationalen Ritualpraktiken auseinander setzten, versuchen die Theatermacher des dritten Jahrtausends allmählich, die Verortung der darstellenden Künste im Drama der griechischen Antike bzw. zu Beginn der europäischen Neuzeit hinter sich zu lassen. Ebenso begeben sie sich auf die Suche nach Darstellungsmodi, die nicht mehr auf schauspielerischer Repräsentation von Typen oder Figuren basieren, versuchen also die Prämissen europäischer Schauspielkunst seit dem 16. Jahrhundert weitgehend außen vor zu lassen. Musik- und Soundcollagen, Tanz bzw. Choreographie, visuelle Elemente – insbesondere nicht gegenständliche Videokunst – und paratheatrale Präsentationsformen wie Annäherungen an Ritualpraktiken und die orale Erzählkultur in Form von Storytelling beherrschen neuerdings die Szene. In den multilingualen Produktionen wird das gesprochene Wort selbst zur Soundcollage, dessen Bedeutung sich allenfalls noch aus den prosodischen Elementen erschließen lässt. Darsteller und Rezipienten sind nicht durch eine Rampe voneinander abgeschieden, Rezeptions- und Produktionsort werden eins, ebenso kann die Professionalität des Bühnendarstellers, die bekanntlich seit der Commedia dell'arte ein Fundament abendländischer Bühnenkunst ist, durch die Verwendung von sog. „Spezialisten" aus dem Laienbereich, also Personen, die Aspekte ihrer eigenen Biographie auf der Bühne verkörpern, ohne dabei eine fiktive Rolle anzunehmen, in Frage gestellt werden.

So versteht sich etwa das Projekt *The Tower of Babel – A Ritual of Friendship and Brotherhood in Bed* der Niederländer Lidy Six und Robert Steijn von 2003 als eine direkte Reaktion auf die religiösen und ethnischen Probleme, die nach dem 11. September 2001 offen zu Tage traten. In Kleingruppen werden die Theaterbesucher in einen Raum geführt, wo sie sich ins Bett legen müssen, also selbst zu „sleepers" / Schläfern werden. Umgeben von professionell erstellten Bild- und Klangkollagen tauchen sie mit einer Tasse Tee in die Welt Babels ein. An jedes Bett tritt nun ein Laien-Storyteller aus einem fremden Land, der in seiner Sprache – die meist vom Schläfer nicht verstanden werden kann – eine persönliche Geschichte, ein Märchen, einen Mythos oder ähnliches aus seiner Herkunftskultur erzählt. Anschließend kommen die beiden miteinander ins Gespräch, bis die

Besucher nach draußen geführt werden und neues Publikum von neuen Storytellern mit neuen Betthupferln empfangen wird. Ziel dieses in mehreren deutschen Städten, wie Frankfurt, Leipzig und München, adaptierten Projekts ist es, in einem Theaterritual einen auf dem persönlichen Austausch basierenden Dialog zwischen verschiedenen Kulturen zu eröffnen.[15] Theater definiert sich hier nicht durch Professionalität, sondern als Rahmen für das Ereignis der interkulturellen Begegnung, die in einer besonderen ästhetisch aufgeladenen Atmosphäre stattfindet. Demonstriert werden soll mit *The Tower of Babel*, dass es eben keine ‚Strafe Gottes' ist, wenn eine Stadt von Menschen bewohnt wird, die verschiedene Sprachen sprechen. Während nun allerdings das von Six und Steijn höchst professionell vorgegebene räumliche und visuell-klangliche Setting sowie die Organisation durch die Ritualbegleiter in der Präsentation an der Münchner Schauburg im Februar 2008 als Auftaktveranstaltung anlässlich des 850. Stadtgeburtstag der sich neuerdings interkulturell verstehenden bayerischen Landeshauptstadt München äußerst überzeugend waren, so weist die Konzeption bei näherem Hinsehen doch eine unübersehbare Schwachstelle auf: Die Initiation des interkulturellen Dialogs beruht letztlich auf der Prämisse, dass Storyteller und Publikum über eine gemeinsame natürliche Sprache verfügen müssen. Überdies wird der Storyteller durch seine ‚Muttersprache' von vorn herein national definiert und einem bestimmten Herkunftsland zugeordnet. Bezeichnenderweise konnten – nach Aussagen des Dramaturgieteams – Vertreter ‚hybrider' Kulturen, wie etwa ein dunkelhäutiger italienischer Muttersprachler mit äthiopischen Vorfahren, von der Theaterleitung als potenzielle Storyteller nicht akzeptiert werden, da sie das Publikum allzu sehr verwirren würden. Hier zeigt sich ganz exemplarisch, dass trotz aller Bereitschaft zur interkulturellen Auseinandersetzung die tatsächlichen sozialen Realitäten kultureller Hybridität im institutionalisierten deutschen Kulturbereich vielleicht etwas differenzierter berücksichtigt werden sollten.

Eben diese Amalgamierung verschiedener Sprachen und Kulturen ist denn auch der Ausgangspunkt der Produktion von Shakespeares *Sommernachtstraum* des Regisseurs Thomas Ostermeier und der Choreographin Constanza Macras aus dem Jahre 2006 an der Berliner Schaubühne. Die Liebesverirrungen im Athener Wald werden hier transformiert in eine Drogen-Orgie ohne moralische Restriktionen. Diese enthemmte Dauer-

---

[15] Vgl. hierzu den Programmzettel der Münchner Aufführung: Turm zu Babel. Ein Theaterritual von Lidy Six und Robert Steijnm Schauburg, München, Spielzeit 2007/08, Premiere am 08.02.2008.

Party-Atmosphäre wird erzeugt, indem die Zuschauer zu Beginn den Theaterraum über die Bühne betreten, wo sie von einer Live-Band empfangen werden und überdies von einer Dieter-Bohlen-Figur mit einem Becher Bowle versorgt werden. Anschließend begeben sie sich auf ihre Plätze. Übergangslos betreten die Darsteller – Schauspieler, Sänger und Tänzer – die Bühne. Die verschiedenen Rollenfiguren des Dramas werden jeweils sowohl von einem Schauspieler als auch von einem Tänzer, bisweilen auch von einem Sänger präsentiert; die Rollentexte bestehen aus einem Sprachgewirr aus Deutsch, Englisch, Polnisch, Spanisch, Koreanisch und einem unverständlichen Emigranten-Kauderwelsch. Durch die Dopplung der einzelnen Rollenfiguren in Tänzer und Spieler, in Performer und Sprecher, durch das Nebeneinander verschiedener natürlicher Sprachen wie auch der Bühnensprachen Musik, Gesang und Schauspiel wird der Zuschauer in eben jene mentale Verwirrung gestürzt, die das Drama selbst thematisiert. Im Gegensatz zu Shakespeares Drama endet Ostermeiers provokante Inszenierung allerdings nicht mit der Reetablierung geordneter Verhältnisse: der endlich gefundene Partner erweist sich letztlich auch nur als ein bloßer One-Night-Stand. Vielmehr wird das Chaos der Gefühle, der Kulturen und der Sprachen in seiner Ereignishaftigkeit vorgeführt, die am Schluss in keinen qualitativ anderen Zustand mehr überführt werden kann. Sprachliche und kulturelle sowie moralische Orientierungslosigkeit ist hier eben keine flüchtig-fiktive Sommernachtstraum-Episode mehr, sondern ein realer Dauer-Zustand, und in diesem post-nationalen kulturellen Identitätsdilemma gilt es sich bis auf weiteres erst einmal einzurichten.

Im Rahmen einer zunehmend synkretischen Alltagskultur erweist sich das Theater – bedingt durch seine besondere Fähigkeit, die Elemente der es umgebenden Kultur als ikonische Zeichen zu verwenden und dabei symbolisch zu transformieren – als ein privilegierter Ort zur Erkundung und Erprobung neuer sozio-kultureller Realitäten. Während Mehrsprachigkeit auf dem Theater zu Beginn der 1990er primär die kulturelle Einheit der europäischen Nationen mit ihren gemeinsamen theatralen Repräsentationstechniken zelebrierte, fungiert sie mittlerweile als ein globales Diskursfeld, wo Stimmen und Körpersprachen verschiedenster Provenienz erst einmal zu Gehör und zur Anschauung gebracht werden, um den kulturellen Möglichkeitsspielraum ganz neu auszuloten.

Jürgen Joachimsthaler

Der Kultur-Innenraum

I. Vorüberlegungen

KULTURWISSENSCHAFT ist Bestandteil dessen, wovon sie handelt. Mit jeder Aussage über ihren Gegenstand trifft sie auch sich selbst, konturiert sich, verändert sich und mit sich wiederum in steter Rückkoppelung den Gegenstand, der nicht unabhängig von ihr zu denken ist. Geschichtswissenschaft z.B. beschreibt Geschichte nicht nur, sie ist selbst Element des historischen Prozesses, die längst zum wissenschaftsreflexiven Standard gehörende Geschichte der Beschreibungen (und der Beschreibungen der Beschreibungen) historischer Abläufe reflektiert dies und verändert im kulturellen Bewusstsein die Beschreibungen, das Beschriebene und die Beschreibungsinstanz mit oft unabsehbaren Auswirkungen. In analoger Weise ist Grammatik Teil der Sprache, in die sie verändernd eingreift, indem sie sie beschreibt, Literaturwissenschaft Teil des literarischen Diskurses – und Kulturwissenschaft allgemein, mag sie sich auch so inszenieren, kein wissenschaftliches Gegenüber, sondern treibendes Ingrediens von Kultur. Autoreferentialität ist ihr intellektuelles Schicksal, Autopoiesis ihr schöpferisches Potential, Erkenntniskritik die Methode, mit der sie sich in unabschließbaren Selbstreflexions- und Selbstschöpfungsakten an die Unerreichbarkeit dessen anzunähern hat, als was sie sich (und ihren Gegenstand) zu entwerfen sucht.

Der „cultural turn"[1], die „kulturalistische Wende"[2], impliziert deshalb ein erkenntnistheoretisches Programm, das sich bis in die Tiefenstruktur so verschiedener Ansätze wie Semiotik, (Post-)Strukturalismus, (radikaler) Konstruktivismus, gender studies, Systemtheorie, Dekonstruktion, Diskursanalyse, New Historicism, cultural studies, Xenologie, Medienwissenschaft(en) u.v.a. hinein widerspiegelt als die (von Fall zu Fall unterschied-

---

[1] Vgl. Philosophische Grenzgänge. Zum cultural turn in der Literatur. Hrsg. v. Horst Turk. Würzburg 2003.
[2] Die kulturalistische Wende. Zur Orientierung des philosophischen Selbstverständnisses. Hrsg. v. Dirk Hartmann und Peter Janich. Frankfurt/M. 1998.

lich stark formulierte) Einsicht von der Unhintergehbarkeit des durch Kommunikation, Sprache, Text etc. entworfenen und mithin letztlich sprachlich und/oder medial vermittelten Erkenntnishorizonts. Wir bewegen uns in einem Kultur-Innenraum, innerhalb dessen uns jedes „Außerhalb" nur in kulturell vermittelter Form zugänglich ist. Der produktive „Skandal", dass der Beweis des „Dasein[s] der Dinge außer uns"[3] nicht gelingen, die „Semiosphäre"[4] also, als die jede Kultur ihre Angehörigen mit einem Deutungshorizont umgibt, womöglich nie verlassen werden kann, wird deshalb zum Anlass ständiger kritischer Selbstreflexion.

Diese äußert sich in den Kulturwissenschaften in einer Vielzahl einander rasch ablösender „turns", die nicht so sehr neue Inhalte in den wissenschaftlichen Diskurs einbringen als neue methologische Zentralperspektiven, mit deren Hilfe über Fächergrenzen hinweg interdisziplinär interessierende Fragestellungen (z.B. Interkulturalität, Medialität, Geschlecht, Gedächtnis) neu betrachtet oder überhaupt erst konstituiert werden können, was dann zugleich auffordert zur Selbstreflexion der Methoden und Wertungen, mit denen bisher gearbeitet worden war: Diese „turns" stellen die Selbstverständlichkeit in Frage, mit denen ganze Gegenstandsbereiche bisher als einfach nur „gegeben" hingenommen wurden. Nicht so sehr der Gegenstand als die Gegenstandskonstitution rückt dabei in den Blick (so geht es in den gender studies dann nicht mehr um die Geschlechter, sondern um deren Konstruktion, der nächste Schritt wäre dann der Blick auf die Konstruktionsweise der gender studies selbst).

Letzten Endes ermöglichen es diese jeweils neuen Zentralperspektiven, „Kultur" in einer Art Selbst-Erklärungsakt auf eine Form autopoietischer Selbstproduktion zurückzuführen (z.B. „Kultur als Text", Gedächtnisraum oder *performance*), wobei die Mehrheit dieser Methoden den Kultur-Innenraum auf eine Art und Weise (z.B. diskursanalytisch) betrachtet, die dessen „Außerhalb", den Referenten der Bezeichnungen, die „Wirklichkeit", die physische Basis, auf der dann soziale und kulturelle, sprachliche, gender- oder sonstige Konstruktionen aufgetürmt werden, als „nicht zugänglich" womöglich völlig aus der Kultur-Wahrnehmung ausschließen, indem sie in alter erkenntnistheoretischer Tradition betonen, dass vom Kultur-

---

[3] Immanuel Kant: Kritik der reinen Vernunft. Bd. 1. Frankfurt/M. 1990 (= Werkausgabe 3), S. 38.
[4] Der Begriff stammt von Jurij M. Lotman: Über die Semiosphäre. In: Zeitschrift für Semiotik 12 (1990), S. 287-305; zu seiner Verwendung vgl. Jürgen Joachimsthaler: Text und Raum. In: KulturPoetik 5 (2005), S. 243-255.

Innenraum aus jede Aussage über das „Außerhalb" durch den uns einhüllenden kulturellen Deutungshorizont verzerrt und überformt wird. (Freilich ist auch diese Form der Ideologieabwehr nicht ideologie-resistent, was in solchen Fällen sichtbar wird, in denen nur negativ gewendeter Substantialismus dann gleich die Existenz eines „Außerhalb" mit dem kultur- und gesellschaftspolitischen Ziel rundherum abstreitet, die Kultur-Innenwelt zum beliebig manipulierbaren Spielfeld völlige Verfügungsfreiheit beanspruchender Kulturingenieure machen zu können, deren einziges Problem darin besteht, dass sie dann selbst über keine andere Begründungsbasis für ihr Tun mehr verfügen als ihr Wollen, das dann jedoch nicht so genannt werden darf, sondern als Ausdruck gesamtgesellschaftlicher Bedürfnisse inszeniert oder pseudosoziologisch legitimiert werden muss).

Nicht „Wirklichkeit" wird durch die (meisten) „cultural turns" zugänglicher, sondern die Muster durchsichtiger, mit deren Hilfe Kultur sich selbst als semantischer Raum organisiert. Eine Sonderstellung nimmt demgegenüber der „spatial turn"[5] ein, die „Wiederkehr des Raumes".[6] Als aus vielerlei Richtungen gespeiste, in sich äußerst widersprüchliche Bewegung lässt er sich auf zwei Grundtendenzen zurückführen, von denen die eine „Raum" strikt kulturalistisch als Kultur-Innenraum, als Bedeutungs-, Geschichts- und Ordnungsraum zu untersuchen versucht, während die andere „Raum" wahrnehmungsrealistisch antikulturalistisch wendet und im „realen" Außenraum der Kultur so etwas wie eine nicht durch innerkulturelle Semiose korrumpierbare Referenzebene sucht, einen „Boden der Tatsachen". In polemischer Diskurskonglomeration wird von dieser Warte aus kulturalistisches Argumentieren gerne mit einer „Globalisierung" gleichgesetzt, unter der dann die Expansion eines angloamerikanisch-„westlich" dominierten Kultur- und Diskurs-Imperiums verstanden wird, demgegenüber allein die Konzentration auf das von diesem überformte „Außerhalb" letzte Bastionen von Widerständigkeit und vielleicht sogar Unmittelbarkeit ermöglichen könne. Gegenstand des „spatial turn" wäre in *dieser* (einen) Bedeutung eine „Räumlichkeit", die eine lokal konkrete Außen- und Gegenwirklichkeit gegenüber globalen Trends, „Textualismus und Kulturalismus"[7] impliziert,

---

[5] Doris Bachmann-Medick: Spatial Turn. In: Cultural Turns. Neuorientierungen in den Kulturwissenschaften. Hrsg. von ders. Reinbek bei Hamburg 2006, S. 284-328.
[6] Karl Schlögel: Die Wiederkehr des Raums – auch in der Osteuropakunde. In: Osteuropa 3 (2005), S. 5-17, vgl. aber auch schon Rixhard Pieper: Region und Regionalismus. Zur Wiederentdeckung einer räumlichen Kategorie in der soziologischen Theorie. In: Geographische Rundschau 39 (1987), S. 534-539.
[7] Bachmann-Medick, Cultural Turns [wie Anm. 5], S. 297.

so etwas wie ein der Kultur Äußerliches, das ihr vom Kultur-Innenraum aus zugänglich sein soll, in Form der Einsicht, „dass es Örter gibt: Örter, also nicht bloß Symbole, Zeichen, Repräsentationen von etwas, [...] Städte, die getroffen werden können, Türme, die zum Einsturz gebracht werden können".[8]

Doch der „spatial turn" lässt sich nicht reduzieren auf einen antiglobalistischen Gegen-Regionalismus im Stile von Kohr[9], der in eine substanzialistische „Raumfalle"[10] und geopolitische Spekulationen über einen *Clash of Civilizations*[11] führen kann; vielmehr wird unter seinem Vorzeichen und entgegen dieser eher substantialistischen Verwendung von „Raum" zugleich *auch* versucht, die Kategorie „Raum" unter den Bedingungen einer Postmoderne und einer globalisierten Welt neu zu denken, die viele „Raum"-Konzeptionen und naiv wahrnehmungsrealistische Annahmen über den „Raum" als illusionäre Konstruktionen erscheinen lassen. Auch der Kultur-Innenraum selbst kann durch eine solche Reflexion der Kategorie „Raum" neue Erkenntnis über sich selbst gewinnen. So hat etwa die Erforschung der „mental maps"[12], der Art und Weise, wie Menschen sich die Welt vorstellen, dazu geführt, dass „Raum" als eine auch subjektiv rezipierte Größe mit massiven Abweichungen von der auf physikalischen Landkarten eingezeichneten „objektiven" Geographie erfassbar wird. Beispielsweise glaub(t)en viele Österreicher im Zuge der einstigen Aufteilung Europas in zwei nach Himmelsrichtungen benannte politische Blöcke, Prag liege östlich von Wien.[13] Freilich setzt eine solche Art der Unterscheidung eine der Kultur äußerliche reale Geographie dann doch als eine voraus, von der im Kultur-Innenraum aufgrund kultureller Verzerrung abgewichen wird,

---

[8] Karl Schlögel: Kartenlesen, Augenarbeit. Über die Fälligkeit des spatial turn in den Geschichts- und Kulturwissenschaften. In: Was sind Kulturwissenschaften? 13 Antworten. Hrsg. v. Heinz Dieter Kittsteiner. München 2004, S. 261-283.

[9] Leopold Kohr: Die überentwickelten Nationen. Rückbesinnung auf die Region. Aus dem Englischen übertragen v. Walter Schwerdtfeger. München 1983.

[10] Roland Lippuner, Julia Lossau: In der Raumfalle. Eine Kritik des spatial turn in den Sozialwissenschaften. In: Soziale Räume und kulturelle Praktiken. Über den strategischen Gebrauch von Medien. Hrsg. v. Georg Mein und Markus Rieger-Ladich. Bielefeld 2004, S. 47-64.

[11] Samuel P. Huntington: The Clash of Civilizations. New York 1996.

[12] Peter Gould, Rodney Ehite: Mental maps. Second Edition. London, Sidney 1986 oder Mental Maps – Raum – Erinnerung. Kulturwissenschaftliche Zugänge zum Verhältnis von Raum und Erinnerung. Hrsg. v. Sabine Damir-Geilsdorf, Angelika Hartmann und Béatrice Hendrich. Münster 2005.

[13] [anonym]: III. Interkultureller Kongress. In: Global Visions 12 (2006), S. 1f.; hier S. 1.

wobei die Abweichung messbar und feststellbar ist, das „Außerhalb" also sehr wohl zugänglich bleiben muss.

Dadurch stellt sich abermals die nicht nur für den „spatial turn" zentrale Frage nach der Möglichkeit, innerhalb der Kultur deren außerkulturelle Basis „objektiv" wahrnehmen zu können (analog geht es z.b. in der gender-Debatte auch um die Frage, inwieweit die Existenz außerkulturell physisch „realer" Unterschiede zwischen einer umstrittenen Anzahl von Geschlechtern überhaupt unterstellt werden darf und inwieweit eine solche Annahme bestehende kulturelle Zuschreibungsgewalt nur abermals reproduzieren würde). Der Blick auf die beiden Extrempositionen zeigt rasch, dass sie ohne einander nicht möglich sind: Weder lässt sich die kulturelle Überformung von etwas postulieren, dem jede außerkulturelle Existenzbasis abgestritten wird, noch lässt sich innerhalb der Kultur ein „Außerhalb" derselben behaupten, ohne dass zumindest die Behauptung in eine mit den Wahrnehmungs- und Kommunikationsformen der jeweiligen Kultur kompatible Form gebracht worden wäre, was als eine den Gegenstand der Darstellung vermittelnde Darstellungsweise den Gegenstand (in seiner durch die Darstellung wahrnehmbar gewordenen Form) selbst schon wieder überformt. Jede innerkulturelle Proklamation eines außer-kulturellen „Außerhalb" bleibt eine innerkulturelle.

Dies gilt natürlich auch für den „Raum", der als Gegenstand aber vielleicht den Vorteil bildet, dass in ihm die unvermeidliche Gleichzeitigkeit beider Positionen in ihrem fruchtbaren Mit- und Gegeneinander dann leicht nutzbar wird, wenn man mit einem methodologischen Trick die Unterscheidung zwischen Inner- und Außerhalb in den Kultur-Innenraum selbst hereinholt und dort die innerkulturellen Repräsentationen des „Außerhalb" (Landkarten, geologische und geographische Beschreibungen etc.) substitutiv dazu nutzt, sie als binnenkulturelle Repräsentation eines binnenkulturell angenommenen „Außerhalb" den binnenkulturellen Repräsentationen des Innerhalb so entgegenzustellen, als stünden sich wirklich Inner- und Außerhalb gegenüber (wobei wir natürlich wissen, dass es sich in beiden Fällen nur um innerkulturelle Konstruktionen handelt). Dies erlaubt es, die autopoietische Verfasstheit des Kultur-Innenraums in Kontrast zu (s)einem binnenkulturellen „Außerhalb" zu betrachten, wobei dieses „Außerhalb" aus Gründen darstellungstechnischer Komplexitätsreduzierung fortan nur noch als „Außerhalb" bezeichnet werden soll, ohne dass wir deshalb auf das Wissen verzichten müssen, dass auch dieses „Außerhalb" als Konstruktion des Kultur-Innenraums nur Bestandteil von dessen Selbstaufbau ist. Umgekehrt sind wir dadurch aber auch noch nicht zu der ihrerseits ideologischen Annahme verpflichtet, das (uns ohnehin nie unmittelbar zugängliche) „Außerhalb" erschöpfte sich in der innerkulturellen Funktion seiner innerkulturellen Repräsentation.

2. Der Kultur-Innenraum der Nation

„Raum" wird, so ein Ergebnis des „spatial turn", innerhalb der Kultur spätestens seit der Einführung der modernen Verkehrsmittel nicht mehr als jene homogen in sich geschlossene und als außerkulturelle „Wirklichkeit" referenzialisierbare Größe erfahren, als der er lange Zeit selbstverständliche Grundlage schutzbedürftigen Sich-Beheimatet-Fühlen-Wollens war[14], sondern erscheint als Lebenswelt vielfach verzerrt, zersplittert und zerrissen.[15] Der homogene „Raum", den die auf zentralperspektivisch gleichmäßige Proportion und räumliche Harmonie ausgerichtete Renaissancemalerei als optischen Normalfall zu etablieren gewusst hatte[16], erweist sich als artifizieller, mühsam konstruierter Ausnahmefall, die von verzogenen, vielfach sich überschneidenden Perspektiven scheinbar verwirrte Malerei des Mittelalters (oder dann auch wieder des Expressionismus und Kubismus) als dem menschlichen Erleben des „Raums" viel angemessener.[17] Mit solchen Einsichten restituiert die kulturalistische Richtung des „spatial turns" den klassischen „Raum"-Begriff nicht, sie dekomponiert ihn. „Raum" zerfällt in Teile, die zuvor nicht als solche erkennbar waren (wie etwa mentale Karte und scheinbar „objektive" Geographie). Er erscheint nicht mehr als stabile Größe, die menschliches Beheimatet-Sein in einem unverrückbar bergenden, behälterähnlichen „Außerhalb" aller Kultur birgt, „Raum meint soziale Produktion von Raum als einem vielschichtigen und oft widersprüchlichen gesellschaftlichen Prozess, eine spezifische Veror-

---

[14] Gaston Bachelard: Poetik des Raumes. Aus dem Französischen von Kurt Leohnhard. Frankfurt/M. 2003.
[15] Martina Löw: Raumsoziologie. Frankfurt/M. 2001.
[16] Vgl. Erwin Panofsky: Die Perspektive als „symbolische Form". In: Vorträge der Bibliothek Warburg 4 (1924/25), S. 258-300.
[17] Zur Historizität der Anschauungsformen von „Raum" vgl. den anregenden Groß-Essay von Martin Burckhardt: Metamorphosen von Raum und Zeit. Eine Geschichte der Wahrnehmung. Frankfurt/M., New York 1997; zur aktuellen Situation exemplarisch den Sammelband Umzug ins Offene. Vier Versuche über den Raum. Hrsg. v. Tom Fecht und Dietmar Kamper. Wien, New York 2000.

tung kultureller Praktiken, eine Dynamik sozialer Beziehungen, die auf die Veränderbarkeit von Raum hindeuten."[18] „Raum" ist soziale Praxis, „Raumkultur"[19], quasi dreidimensional gewordene Macht und Hierarchie, Weltdeutung und Interaktionsgefüge.[20] Räume (in diesem Sinne) sind nicht, sie werden gemacht.[21]

Selbst der scheinbar so naive Begriff „Heimat", mit dem „Raum" und „Räumlichkeit", „Regionalität" und „Östlichkeit" gelegentlich fälschlich gleichgesetzt werden (als gäbe es nicht auch unheim[at]liche Orte, Arbeits- und Vernichtungslager, Elendsviertel, Fabrikhallen, Abraumhalden oder Zentren der Abwesenheit und des sinnleeren Wartens wie Hotelhallen und Einflugschneisen), erweist sich unter dieser Perspektive als eine topischen Regeln folgende soziale und poetische Konstruktion einer bestimmten Art von Raum, eines Traum-, eines Nicht- und Gegen-Raums, einer U-Topie gegen als bedrohlich empfundene Wirklichkeit – eine konservative Variante des „Thirdspace"[22], des „dritten Ortes", der von Wirklichkeit durchsetzten gegenwirklichen „Heterotopie"[23], mit der im Zuge des „spatial turn" Orte

---

[18] Bachmann-Medick, Cultural Turns [wie Anm. 5], S. 289.

[19] Vgl. Dieter Läpple: Essay über den Raum. In: Stadt und Raum. Soziologische Analysen. Hrsg. v. Hartmut Häußermann, Detlev Ipsen und Thomas Krämer-Badoni. Pfaffenweiler 1991, S. 157-207; Jens S. Dangschat: Raum als Dimension sozialer Ungleichheit und Ort als Bühne der Lebensstilisierung? Zum Raumbezug sozialer Ungleichheit und von Lebensstilen. In: Lebensstil zwischen Sozialstrukturanalyse und Kulturwissenschaft. Hrsg. v. Otto G. Schwenk. Opladen 1996, S. 99-138; Gabriele Sturm: Wege zum Raum. Methodologische Annäherungen an ein Basiskonzept raumbezogener Wissenschaften. Opladen 2000; Löw, Raumsoziologie [wie Anm. 15]; Johanna Rolshoven: Von der Kulturraum- zur Raumkulturforschung. Theoretische Herausforderungen an eine Kultur- und Sozialwissenschaft des Alltags. In: Zeitschrift für Volkskunde 99 (2003), S. 189-213.

[20] Vgl. Rudolf Maresch, Niels Werber. Raum – Wissen – Macht. Frankfurt/M. 2002.

[21] Vgl. Hans-Dietrich Schultz: Räume sind nicht, Räume werden gemacht. Zur Genese „Mitteleuropas" in der deutschen Geographie. In: Europa Regional 5 (1997), S.2-14; ders.: Raumkonstrukte der klassischen deutschsprachigen Geographie des 19./20. Jahrhunderts im Kontext ihrer Zeit. In: Geschichte und Gesellschaft 28 (2002), S. 343-374; Frithjof Benjamin Schenk: The Historical Regions of Europe – Real or Invented? Some Remarks on Historical Comparison and Mental Mapping. In: Beyond the Nation. Writing European History Today. Hrsg. v. Frithjof Benjamin Schenk. St. Petersburg 2004, S. 15-24.

[22] Edward W. Soja: Thirdspace. Journeys to Los Angeles and Other Real-and-Imagined Places. Cambridge / Oxford 1994.

[23] Michel Foucault: Die Heterotopien / Der utopische Körper. Zwei Radiovorträge. Zweisprachige Ausgabe, übersetzt von Michael Bischoff. Mit einem Nachwort von Daniel Defert. Frankfurt/M. 2005.

umschrieben werden, die mit einer zusätzlichen Bedeutungsdimension versehen wurden, die aus der bloßen „Wirklichkeit" (bzw. deren innerkultureller Repräsentation) hinausreicht, so dass ihre Bewohner oder Besucher sich nicht nur in einer als „real" angenommenen, sondern immer zugleich auch in einer offen „imaginären Geographie"[24] voller Phantasmen, Assoziationen und Bedeutungen bewegen.

Für die europäische und deutsche Geschichte ist in dieser Hinsicht die Entstehung jener Nationalstaaten von nach wie vor großem Interesse, die nicht nur das Gebiet Europas territorial unter sich aufteilten, sondern auch die Menschen so zu erziehen versuchten, dass sie sich in das jeweilige Territorium und seine Ordnung, den „Raum" der Nation, möglichst reibungsfrei einpassten. Mit den Nationalstaaten schufen die Nationen sich ihre jeweils eigenen Kultur-Innenräume, dies freilich im Wissen um den größeren gemeinsamen Kultur-Innenraum Europa, den sie nun mit dem Effekt in verschiedene Teil-Innenräume aufsplitterten, die jeweils ‚anderen' Kultur-Innenräume als ein scheinbar „reales" Außerhalb behandeln zu können, das dann wiederum die „Realität" der eigenen Semiosphäre belegte. Innerhalb des gemeinsamen größeren Kultur-Innenraums war damit die Möglichkeit geschaffen worden, von Unter-Räumen aus ein „Außerhalb" postulieren zu können, ein „Anderes", einen „Feind" mit exakt mit dem eigenem identischem Realitätsstatus. Im scheinbaren Gegeneinander bestätigte man einander und die gemeinsame Welt.

Für alle Nationen Europas war es im Zuge ihrer Konstitution seit dem 18. bzw. 19. Jahrhundert selbstverständlich, sich als eine in sich geschlossene, möglichst homogene Einheit zu begreifen, die einen quasi „natürlichen" Anspruch auf ein, auf „ihr" Territorium erhob, in dem es dann logischer Weise keine „Anderen" geben durfte, die das nationale Einheitspostulat durch ihre bloße Existenz in Frage zu stellen geeignet schienen, als deren auszuschließendes „Außerhalb" ontologisch aber tatsächlich unverzichtbar waren: Nur das „Außerhalb" stabilisierte das „Innerhalb". Inklusion (und Integration) braucht Exklusion. Die Widersprüchlichkeit des Ganzen zeigt sich schon darin, dass es in Deutschland nicht selten dieselben Personengruppen waren, die von Polen, Litauern, Sorben, aber auch Dänen und teilweise sogar Franzosen Assimilation forderten (das auszuschließende „Außerhalb" betraf hier also kulturelle Eigenschaften) und gleichzeitig die großenteils bereits assimilierten Mitbürger jüdischer Herkunft mit nun

---

[24] Thomas Pekar: Imaginäre Geographie. Ernst Jünger und der Orient. Mythos – Lektüre – Reise. Dortmund 1989.

rassistischen Argumenten aus der imaginierten Gemeinschaft[25] der Nation wieder auszugrenzen versuchten (wodurch der Kultur-Innenraum zugleich die Illusion erlaubte, seine Träger bildeten eine biologisch fundierte Gemeinschaft). Diese Mechanismen haben weitreichende Folgen.

Das „Andere" muss aus Sicht nationaler Ordnungsinstanzen ans „Eigene" assimiliert und dieses wiederum ständig daraufhin überprüft werden, ob es auch aus nichts besteht, was sich einem „Anderen" zuordnen ließe. Als typisches double-bind-Verfahren in einer real aus vielfältig bunter Herkunft zusammengewürfelten Bevölkerung von auch ansonsten äußerst heterogener Beschaffenheit erhöht dies die Anpassungsbereitschaft – fast jeder könnte ja unversehens einem „Anderen" zugerechnet werden (so wichtig das „Außerhalb" ist, möchte ihm doch die Mehrheit der kulturgläubigen oder kuluropportunistischen Semiosphärenbewohner *nicht* angehören), zumal die Summe der Menschen, die etwa in Wilhelminien von der Reichsregierung im Laufe der Jahre als „vaterlandslos" bezeichnet worden waren (Katholiken, Linksliberale, Sozialdemokraten, Juden, Polen) den mit Abstand größeren Teil der Bevölkerung ausmachte. Kaum jemand war davor sicher, plötzlich als „Anderer" definiert zu werden. Vereinheitlichung ist das Geschäft des modernen Massenstaates, drohender Ausschluss ein wichtiges Disziplinierungsmittel: Niemand kämpft härter für das angeblich „Eigene" der Nation und leidenschaftlicher gegen das „Andere" als der, der befürchten muss, selbst diesem „Anderen" zugerechnet zu werden und sich deshalb ständig unter Beweis stellen muss, ja sich sogar dazu verpflichtet fühlt, das „Andere" in sich (und seiner nächsten Umgebung, oft sogar seiner eigenen Familie) zu bekämpfen.[26] Nationalität erweist sich als wirkungsvolles Vereinheitlichungsmedium, weil sie zugleich Assimilation und „Säuberung", Anpassungsdruck und ständige Kontrolle der Angepassten zulässt.

Die vielen historisch gewachsenen ethnischen, konfessionellen und regionalen Sonderidentitäten gerade in dem von Preußen bunt zusammeneroberten Raum erforderten intensive Vereinheitlichungsmaßnahmen. Die Neigung des deutschen Nationalismus zur Radikalität hängt denn auch mit der Brüchigkeit seiner Bevölkerungsbasis zusammen. Die Nation musste entsprechend stark behauptet werden und ihre Existenz dadurch bewiesen,

---

[25] Benedict Anderson: Imagined Communities. Reflections on the Origin and Spread of Nationalism. London 1993.
[26] Vgl. Jürgen Joachimsthaler: Naród, tekst i odroczenie. Ruchoma tekstura. In: Opowiedziany naród. Literatura polska i niemiecka wobec nacjonalizmów XIX wieku. Hrsg. v. Izabela Surynt und Marek Zybura. Wrocław 2006, S. 41-54.

dass sie denen möglichst intensiv erlebbar wurde, die zu ihr hinzugerechnet wurden. Kaum jemand konnte sich ja den „Raum" der Nation, die vielen Menschen und das große Gebiet, aus dem er bestehen sollte, als Ganzes vorstellen und doch sollte jedem Einzelnen in ihm das proklamierte Kollektiv namens „Nation" als ‚sein' Raum erscheinen, Raum als Kultur-Innenraum von seinen Bewohnern verinnerlicht werden. Nationalisierung bedeutete deshalb in erster Linie Integration der Menschen in den Vorstellungsraum, die „imaginäre Geographie" von „Deutschland" und dem deutschen „Raum". Bücher, die den Deutschen Deutschland vorstellten, damit sie sich ihre „Heimat", die angeblich ihr „Eigenes" war, zumindest im Geiste aneignen konnten, gehörten zu den wichtigsten Medien des Nationalstaates: Atlanten, Bilderbücher, Landeskunden, Deutschlandführer, *Das ist des deutschen Vaterland.*[27] Der aus dem Flachland stammende Ostfale konnte sich so mit den Alpen als einem Stück „Heimat" anfreunden, der Preuße staunend von der „Kulturstadt München" lesen, zu der den geforderten emotionalen Bezug aufzubauen ihm sicher ebenso leicht gefallen sein dürfte wie dem polnischsprachigen Oberschlesier, sich mit der deutschen „Kolonialarbeit" in Deutsch-Südwestafrika zu identifizieren. Nation und Nationalstaat waren abstrakte Größen, der geographische Raum, in den man sich hineinimaginieren sollte, trotz des neuen Verkehrsmittels Eisenbahn für kaum jemand ein wirklich angeeigneter „eigener" Raum. Man musste seine Vorstellung lernen. Sich ihn als Kultur-Innenraum aneignen, indem man sich in ihn hineinbildete, sich ihn aneignete, anlas oder (etwa mit Hilfe von Bildern, Sammelalben, Postkarten etc.) an-schaute.[28] Zu den wichtigsten politischen Konzepten der Zeit gehörte deshalb die Erfahrbar-Machung des Kultur-Innenraums für den Einzelnen, damit dieser möglichst nahtlos in ihm aufgehen, von den Verwaltern des „Ganzen" in diesem „Ganzen" bewegt, eingesetzt und genutzt werden konnte.

3. Raum und Bedeutung

Dadurch breitete der Nationalstaat oberhalb der vielen kleinen Lebenswelten einen größeren vorstellbaren nationalen Kultur-Innenraum aus, in dem die Orte und Regionen des Reiches in weitestgehender Assimilation aufge-

---

[27] Joseph Kürschner: Das ist des deutschen Vaterland. Leipzig 1896.
[28] Jürgen Joachimsthaler: Erfundene Länder. Seh-Barkeit und Bedeutung. In: Moderne. Kulturwissenschaftliches Jahrbuch 2 (2006), S. 64-79.

hen sollten. Diese Formulierung „breitete [...] oberhalb der Regionen einen größeren [...] Raum aus" nun, und damit kommen wir endlich direkt zum „spatial turn", ist nur möglich mit dem relativ gewordenen Raumbegriff des „spatial turn". Denn natürlich kann nicht über ohnehin schon vorhandenen geographischen Räumen einfach so ein anderer Raum (woher sollte er denn kommen?) ausgebreitet werden. Man kann nicht Länder beliebig verschieben und Amerika, Papua-Neuguinea oder Atlantis über Ostpreußen, Grönland oder die Sahara legen. Offensichtlich meint „Raum" hier mehr und anderes als nur ein geographisches Gebiet, das am objektivsten mit den mathematisch exakten Angaben seiner Längen- und Breitengrade umschrieben wäre. „Raum" im hier gebrauchten Sinne ist eine zur geographischen Erstreckung eines wie auch immer zu definierenden Gebietes hinzukommende semantische Dimension, quasi in Analogie zu den „mental maps" eine „cultural map", die den jeweiligen Raum mit Sinn auflädt, der aus der jeweiligen Gegend allein nicht kommen kann. Dies fängt schon an mit der oft willkürlichen Benennung von Gebieten: Dass bestimmte Flächen aus der Erdoberfläche quasi herausgeschnitten und einen einheitlich gemeinsamen Namen bekommen, lässt sich (abgesehen vielleicht von Inseln und eindeutigen geologischen Formationen[29]) aus der Beschaffenheit dieser Flächen heraus kaum je begründen.

Meist waren es zufällige politische oder administrative Konstellationen, die die Grenzen dieser Flächen festgelegt und ihnen irgendwelche Benennungen zugewiesen haben. Mit diesen Namen sind dann jedoch oft weitreichende Semantisierungen verbunden, „Amerika" z.B. ist zwar als Benennung eines neu entdeckten Kontinents nach einem der Entdecker ein vergleichsweise einfallsloser Name, aber nunmehr doch längst keineswegs nur eine geographische Bezeichnung mehr, sondern eine, in die ein Unmaß an Hoffnung, utopischer Energie, Begehren (und schließlich auch Ablehnung und Kritik) eingeflossen ist. „Amerika" bedeutet mehr als einen geographischen Raum. Bezeichnungen wie „Sibirien" oder „Mongolei" können aufgrund ihres semantischen Bedeutungsüberschusses metaphorisch auf Gebiete angewandt werden, die rein geographisch mit den Regionen gar nichts zu tun haben, die diese Bezeichnung tragen – Brakoniecki[30] schließ-

---

[29] Doch selbst der Pfälzerwald trägt diesen Namen erst seit 1843, als er auf einer Tagung von Forstleuten über neue Forstwirtschaftsregem für die „Waldungen auf dem bunten Sandsteingebirge der Pfalz" vorgeschlagen wurde.
[30] Kazimierz Brakoniecki: Atlantyda północy. Atlantis des Nordens. [Zweisprachig. Übersetzung: Winfried Lipscher]. Olsztyn 1998.

lich kann im Zuge des polnischen „spatial turn" Ostpreußen als „Atlantis des Nordens" bezeichnen und damit zum Stichwortgeber für ein neues regionales Selbstbewusstsein werden. Zu unterscheiden ist also zwischen geographischen Räumen und Bedeutungsräumen bzw. „Sinnräumen"[31], die zu diesen hinzukommen und sie überlagern (können). In diesem Sinne wäre der Nationalstaat der Raum einer organisierten Bedeutung („deutsche Nation"), mit der ein von ihm zu unterscheidendes Gebiet überschrieben wird. Er wird dadurch zum Kultur-Innenraum, dass die Bewohner seines Territoriums im gleichen Bedeutungsraum zu leben lernen.

Das Verhältnis zwischen scheinbar natürlich gegebenem geographischem Raum und menschlich hinzugefügtem „Sinnraum" ist kein bloßes bezugsloses Nebeneinander. Der „Sinnraum" und die beamteten Verwalter seines „Sinnes" versuchen den geographischen Raum zu erfassen und dem Sinnraum anzupassen. Landschaftliche Erscheinungen werden deshalb ideologisiert (man denke nur an den „deutschen Rhein"), ja, es wird sogar versucht, den geographischen Raum so umzuwandeln, dass er der Semantik des Sinnraumes soweit als möglich entspricht. Solche „Kulturraumformung"[32] besteht nicht nur aus physischen Operationen, der Errichtung von Denkmälern und Bauwerken, Brücken und nach Herrschern benannten Straßen, also unmittelbar wahrnehmbaren Sinnmarkierungen in der Landschaft, sondern mehr noch in einer Kulturarbeit, die nicht nur die Landschaft, sondern auch ihre Rezipienten, ihre Bewohner, Besucher und Betrachter (die im Medienzeitalter nicht mehr unbedingt selbst in die jeweilige Landschaft reisen müssen) in eine „Semiosphäre" einzuhegen versucht. Raum verwandelt sich in „Text", in Erzählung, Erklärung und Deutung des Raums. Semiosphären umgeben den Betrachter mit Zeichen- und Bedeutungsträgern, die ihn im Idealfall vollständig in das von diesen evozierte Weltbild einhüllen. Der Kultur-Innenraum ist entstanden. Seine Bedeutungssphäre ist halb „real" auf ein „Außerhalb" gegründet (sie ist ja auf *materielle* Bedeutungsträger und Zeichen angewiesen), halb mental (die Bedeutung der Zeichen muss im Bewusstsein der Rezipienten aktiviert

---

[31] Walter Schmitz: Regionalität und interkultureller Diskurs. Beispiele zur Geschichtlichkeit ihrer Konzepte in der deutschen Kultur. In: Praxis interkultureller Germanistik. Forschung – Bildung – Politik. Beiträge zum II. Internationalen Kongreß der Gesellschaft für Interkulturelle Germanistik. Hrsg. v. Bernd Thum und Gonthier-Louis Fink. München 1993, S. 417-438, hier S. 418.
[32] Vgl. Jürgen Joachimsthaler: Kulturraumformung durch Sprach- und Literaturpolitik. Mit einführenden Bemerkungen zum „Kulturraum"-Begriff. In: Orbis Linguarum 21 (2002), S.109-129.

werden). Raum-Arbeit auf dieser Ebene ist deshalb nie Formung einer Landschaft allein, sondern immer auch (und oft in erster Linie) Formung von Menschen und Bewusstseinen. Der Nationalstaat des 19. Jahrhunderts (deshalb musste ihm hier so viel Platz eingeräumt werden) ist der bis heute nachwirkende Idealfall der Etablierung einer Semiosphäre, in der sich Menschen wie in einem materiell realen Raum bewegen. Semiosphäre formt ihre Wahrnehmung und hat für jeden Sinneseindruck gleich die richtige (nationale) Interpretation bereit. Deshalb sind die Nationalstaaten Sinnräume, die sich über die Regionen gelegt haben. Lenkbare Kollektive werden möglich allein dadurch, dass ihre Mitglieder von derselben Semiosphäre umgeben werden.

4. Die Möblierung des Kultur-Innenraums

Im Zuge dieser Entwicklung wurde europaweit nahezu alles Wissen national perspektiviert: Nationalökonomie, Nationalgeschichte, Nationalliteratur, Nationalphilologie, nationales Recht, Nationalkultur, Nationalsprache usw. sind Wortprägungen, die zeigen, wie an sich anationale Wirklichkeitsbereiche dem neuen nationalen Paradigma unterworfen wurden und innerhalb der nationalen Semiosphären nur noch soweit Interesse fanden, als sie mit nationalen oder als national interpretierbaren Teilen in diese hineinreichten. Nationaler Monomonismus verwandelte die Wissenschaften in eine Reihe halbblinder Nationalwahrnehmungen, die bestätigten, dass das Wenige, was sie noch wahrzunehmen erlaubten, tatsächlich dem Wahrnehmungskriterium national entsprach. Emanuel Geibel war ein deutscher Schriftsteller, Heines Zugehörigkeit zur deutschen Nationalliteratur hingegen konnte bestritten, seine Beachtung im nationalen Gedächtnis kritisiert und so weit als möglich unterbunden werden.[33] Die nationale Perspektive erlaubte und erforderte Einschluss- und Ausschlussverfahren nach Maßgabe der jeweiligen (durchaus variablen und veränderlichen) Definition von „national".

Wichtigste Hilfswissenschaften der Nationalisierung, der Einbindung der Bevölkerung in den Nationalstaat, den nationalen „Raum" waren Geschichtsschreibung und Philologie, genauer: die neu entstehenden Nationalhistorien und Nationalphilologien. Sie bildeten die für die Einführung der Bevölkerung in nationales Denken und Fühlen unverzichtbaren Geschichts-,

---

[33] Paul Peters: Heinrich Heine „Dichterjude". Die Geschichte einer Schmähung. Frankfurt/M. 1990.

Literatur-, Weltbild- und Muttersprachlehrer bzw. deren Ausbilder aus und formten das im muttersprachlichen Unterricht vermittelte nationale Weltbild. Die Konstitution des Gegenstandsbereiches der Nationalwissenschaften war zugleich die Konstitution der nationalen Semiosphäre, des Kultur-Innenraums. Die National-Wissenschaftler konstruierten auf durchaus poetisch erfindende Weise die Nation und ihr Selbstbild aus „Zeugnissen der Vergangenheit", einer „Vorgeschichte", in der die Nation bereits einmal so sehr sie selbst gewesen sein sollte, dass man dieses in ihr nur wiederzuerweckende „eigentliche" Wesen einer (noch) ungenügend nationalisierten Gegenwart wie ein befreiendes Dispositiv für kollektiv „eigene" Identitätsbildungen entgegensetzen konnte. Sie siebten aus den Zeugnissen der Vergangenheit alles als national Interpretierbare aus und erfanden der entstehenden Nation nationale Traditionen; die Gebrüder Grimm wollten den Deutschen eine Vergangenheit als die „ihrige" so „nah"[34] wie möglich bringen; den „vergangenen Zuständen" sollte eine ihnen bisher fehlende „Bedeutung für die Gegenwart" zugeschrieben werden.[35]

Die Nationalwissenschaften bauten damit den Kultur-Innenraum als einen vorrangig aus Texten bestehenden nationalen Tempel auf. Als dessen unterirdische Krypta, als dessen „heiliger Boden" diente die Geschichte; der „Quell" der Überlieferung kam nun zum „Raum", zum Territorium der Nation als eine in dieser Form bis dahin unbekannte historische Tiefendimension und Sinngeschichte hinzu. Die Semiosphären sollten ja die Semiosphärenbewohner von möglichst allen Seiten umgeben, Blick und Denken der Bewohner sollten, wohin immer sie streiften, auf Semiosphäreninnenwände stoßen, die Wahrnehmung oder auch nur das Bedenken eines jeden anationalen „Außerhalb" so weit als möglich unterbanden.[36] (Absoluter Kulturalismus hat dies heute zu bedenken: Die völlig Kappung des „Außerhalb" stützt das innerkulturell für gültig Geltende). Die Konzentration auf die Geschichte diente dabei nicht nur der „Rekonstruktion" angeblicher nationaler Eigenart aus ihrer Vorgeschichte, sondern auch der Abdichtung der Semiosphäre gleichsam nach „unten", der Vergangenheit zu. Auch dort durfte nachfragendes Denken keine andere Antwort auf seine Fragen

---

[34] Jacob und Wilhelm Grimm: Deutsche Sagen. Berlin. ²1865, S. 5.
[35] Uhlands Schriften zur Geschichte der Dichtung und Sage. Hrsg. v. Wilhelm Holland. Bd. 1. Stuttgart 1865, S. 17.
[36] In archivierten Schulbeständen aus dem Kaiserreich fand ich eine Regierungsanordnung, die Lehrern, die im Ausland gewesen waren, untersagte, darüber zu berichten: Archiwum Państwowe w Opolu. Kreisschulinspektion Carlsruhe 53, S. 56.

erhalten als nationale. Nationalhistorie und Nationalphilologie (unterstützt von neu entstehender National-Literatur) stattete die nationale Geschichte dann mit Texten aus, mit narrativen Sesseln und Sofas für die Phantasie, mit Geschichten, Vorstellungen, Imagination, „möblierte" und „tapezierte" sie sozusagen, machte sie wohnlich. Die (Er-)Findungen der Nationalwissenschaften waren so integraler Bestandteil der nationalen Kultur-Innenräume, diese Wissenschaften selbst maßgeblich an Entstehung und schließlicher Verfasstheit ihrer Gegenstände beteiligt. Sie schlossen aus, was nicht gefiel und homogenisierten den Rest zu einer in sich widerspruchsfrei wirkenden intellektuellen Legierung um Wissens- und Vorstellungsbestände, mit denen die Semiosphärenbewohner umgeben, in die sie eingeschlossen wurden.

5. Eine „Wiederkehr"? Das Beispiel Philologie

Von hier aus lässt sich nun erklären, warum im „spatial turn" überhaupt von einer „Wiederkehr des Raumes" die Rede sein kann, als ob dieser für einige Zeit verschwunden gewesen wäre (sonst könnte er ja nicht „wiederkehren"). Natürlich war nicht „der Raum" verschwunden – Kolonialisierung und Nationalisierung waren sogar sehr raumbezogene Entwicklungen, die die Landkarten der Welt neu aufteilten, doch waren sie zugleich Bewegungen, die in ihrer Tendenz, den Raum umzuwandeln und ihrer jeweiligen Semiosphäre anzupassen, vom „realen" Raum (und seinen Bewohnern) mehr und mehr absahen und diese als bloße Masse für die Kulturraumformung betrachteten. Was nicht zum Konzept passte, durfte nicht in den Kultur-Innenräumen vorkommen (und wurde nicht selten sogar physisch real entfernt) und sollte als deren „Außerhalb" doch zugleich präsent bleiben – nur eben als innerkulturell konstruiertes „Außerhalb" (das schlimmstenfalls die Form von Konzentrations- und Vernichtungslagern als innerkultureller Produktionsstätten innerhalb der Kultur anwesend bleibender, aber ins „Außerhalb" projizierter Außerkulturalität annehmen konnte).

Die vom „spatial turn" proklamierte „Wiederentdeckung des Raumes" nun bedeutet erst einmal nur, dass die in den Kultur-Innenräumen herrschenden Wahrnehmungsvorgaben noch einmal auf das hin befragt werden, was in ihnen als das aus ihnen Auszuschließende in der Form ihres „Außerhalb" zwar vorhanden, durch die erfolgreiche Durchführung der Ausschlussmechanismen aber mittlerweile oft erfolgreich „vergessen" und „verdrängt" ist: Anwesend, aber wahrgenommen nur noch als „Rauschen".

Im Prinzip wird damit ‚nur' die Aufsplitterung des gemeinsamen Kultur-Innenraums Europa in nationale Kultur-Innenräume revidiert, was freilich die Illusion erlaubt, man könnte in einem „Außerhalb" nationaler Kultur-Innenräume etwas „neu" entdecken, was doch erst zuvor in dieses „Außerhalb" hineinkonstruiert worden war und tatsächlich immer schon Bestandteil des (europäischen) Kultur-Innenraums war. Die häufig (aus der wahrnehmungsrealistischen Teilströmung des „spatial turn") zu hörende Erklärung, die „Wiederentdeckung" des Raumes komme einer Wiederentdeckung außerkultureller und -textueller Wirklichkeits- und Referenzebenen gleich (einer Wiederentdeckung „Mitteleuropas" z.B.), umschreibt in all ihrer wahrnehmungsrealistischen Naivität doch treffend den Vorgang einer Infragestellung herrschender Wahrnehmungsschablonen.

Im Prinzip bedeutet der „spatial turn" zunächst nichts anderes als die Aufforderung, die räumliche (und strukturelle) Verfasstheit der Semiosphären und damit der Nationalstaaten zu reflektieren auf das hin, was ihre imaginäre Geographie und ihr Selbstverständnis durch die Art und Weise aus sich ausschließen, in der sie konzipiert sind. Man muss quasi aus ihnen heraustreten. Weil aber Semiosphären als Bewusstseinsräume nicht so einfach verlassen werden können wie reale Räume durch die nächste Tür, ist solches Heraustreten nur in Form einer selbstreflexiven Infragestellung eigener Vorstellungsmuster möglich – der relative „Raum"-Begriff des ‚postmodernen' Flügels des „spatial turn", all die „mental maps" und „Semiosphären", verdanken sich solch analytischer Taktik: In ihnen reflektiert räumliches Denken sich selbst. Raumreflexion wird in ihnen ihr eigenes Objekt. Semiosphären bilden ja mentale Umgebungen, „cultural maps", in die die meisten Menschen eher hineinwachsen, als dass sie an deren Gestaltung aktiv mitzuwirken Gelegenheit hätten. Man weiß nicht und fragt erst einmal gar nicht, warum man für richtig hält, was man zu wissen glaubt. Der Mensch endet, wo seine Phantasie endet, die wiederum häufig genug dort endet, wo seine Semiosphäre endet. Kultur-Innenräume schließen ein.

Und das gilt natürlich auch für jene nationale Wissenschaften, die ‚ihre' gesamte Welt auf die nationalen Semiosphären hin zu perspektivieren hatten. Um die Grenzen des Nationalen in den Nationalwissenschaften, in den Nationalphilologien, auszutasten, gilt es deshalb, den nationalen Blick auf sich selbst zurückzurichten, also zu fragen, was warum überhaupt als national galt (und was warum nicht). Dies ist nun auf den ersten Blick natürlich ein Schritt, der in Deutschland nach dem national(sozial)istischen

Zusammenbruch bereits vollzogen worden zu sein scheint. Niemand würde heute mehr die Zugehörigkeit Heines zur deutschen Literaturgeschichte bestreiten, die Frauenbewegung hat eine Öffnung des historischen Blicks für zuvor zu wenig berücksichtigte weibliche Lebenswirklichkeit erfochten. Gerade das Beispiel der Literaturgeschichte ist hier besonders wertvoll, weil die dort übliche Kanonbildung besonders stark ausgeprägte Ein- und Ausschlussmechanismen mit sich bringt.

Die Grundfrage der deutschen Nationalphilologie lautet: Wie soll „Deutsche Literatur", wie soll nationale Literatur überhaupt definiert werden, wann soll ein Text als zu ihr gehörig betrachtet werden und wann nicht? Diese Frage kann nur national- und entwicklungslogisch beantwortet werden. Die auch heute in der Germanistik noch gültige Definition ihres Gegenstandsbereiches lautet unausgesprochen: Für uns relevant ist ein Text, wenn er dem nationalen Kultur-Innenraum zugehört und innerhalb der Entwicklung desselben eine wie auch immer geartete Rolle spielt. Dies kann – so der Normalfall – durch Nationalsprachigkeit des Textes (eine im historischen und globalen Vergleich keineswegs selbstverständliche Eigenschaft) begründet sein oder durch die Thematik eines Textes (dadurch kann ein französischsprachiges Werk[37] Teil der deutschen Literaturgeschichte werden), vielleicht auch durch eine als national relevant erscheinende Herkunft des Autors (dadurch gerät der englischsprachige Schriftsteller Joseph Conrad in die polnische Literaturgeschichte) – es können aber auch Texte als national bedeutsam vorgestellt werden, die nun wirklich nichts mit der Nation zu tun haben, sondern nur als für den imaginierten Zustand der Nation vorbildliche Beispiele aus anderen Nationalliteraturen dienen (man denke an die Rolle Ossians und Shakespeares in Herders für die Entstehung eines deutschen Nationalbewusstseins so bedeutsamen Textsammlung *Von deutscher Art und Kunst*[38], in der kein einziger Aufsatz einem deutschsprachigen Autor gewidmet ist). Wenn aber schon die scheinbar so eindeutige Zuordnung zur nationalen Literatur so willkürlich ist – was wissen wir dann wirklich darüber, was aus ihr ausgeschlossen worden ist?

Der „spatial turn" lädt nun dazu ein, die Frage nach dem Gegenstand der Philologien neu zu beantworten, nämlich nach einem ziemlich einfachen räumlichen Kriterium: Gegenstand der Germanistik sollte dann nicht mehr eine wie auch immer zu definierende „deutsche" oder nationale Literatur

---

[37] Madame de Staël: De l'Allemagne. London 1813.
[38] Von deutscher Art und Kunst. Einige fliegende Blätter. Hamburg 1773.

sein, sondern schlicht und einfach „Literatur in der Region".[39] Diese kann, wenn man denn am Attribut „deutsch" unbedingt festhalten will, die in Deutschland (oder den deutschsprachigen Ländern) geschriebene Literatur sein, erweiterbar je nach Ansatz und Bedürfnis um solche Literatur, die in Deutschland gelesen und nachgeahmt oder bekämpft wurde (so behielte Shakespeare seine Rolle) oder in sonst einem Bezug zu Deutschland stünde, sei es als Literatur von Emigranten, sei es als Reiseliteratur über Deutschland (dann würde Madame de Staël ihren Platz erhalten können). An die Stelle eines entwicklungslogisch kausalisierten national bewegten „Nacheinander" würde dann ein räumliches „Nebeneinander" des im Territorium gleichzeitig Anwesenden treten, synchrone Schnitte durch den Ablauf der Literaturgeschichte also ein Übergewicht über die Epochenfolge bekommen. Auf den ersten Blick wäre dies nur eine geringe Akzentverschiebung: Auch jetzt schon gilt es Synchronie und Diachronie in Überblickswerken auszubalancieren. Diese Aufgabe würde nicht verschwinden, auch die synchronen Schnitte müssten in ihrer zeitlichen Abfolge irgendwie miteinander verbunden werden.

Ein solcher räumlicher Blick auf das im jeweiligen Territorium gleichzeitig neben- und miteinander Anwesende würde jedoch, und darum geht es eigentlich, den Kultur-Innenraum der Nation verändern, das aus ihm einst in ein „Außerhalb" Abgeschobene zurückholen und schnell zu der Erkenntnis führen, dass es etwa in Deutschland, wenn man denn an diesem Territorium (vorerst) festhalten will, neben der deutschsprachigen immer auch schon anderssprachige Literatur gegeben hat. Gehen wir einmal nur von den Grenzen Deutschlands nach 1945 aus (auf die Thematisierung der innerdeutschen Grenze verzichte ich), so zeigt sich bei nicht national beschränktem Hinsehen schnell, dass es neben der deutschsprachigen Literatur auch eine sorbischsprachige gibt, die mit dem erst kürzlich verstorbenen Jurij Brězan sogar einen Autor von Weltformat hervorgebracht hat, der dennoch – und obwohl er sogar etliche Werke, darunter seinen wichtigsten und bedeutendsten Roman[40], auf deutsch geschrieben hat – nicht als Bestandteil der Literatur Deutschlands im zwanzigsten Jahrhundert betrachtet wird, weil die Sorben, mögen sie auch Staatsbürger des jeweiligen deutschspra-

---

[39] Regina Hartmann: Das literarische Selbstbild einer Ostseeregion – Schwedisch-Pommern im 18. Jahrhundert. In: Regionalität als Kategorie der Sprach- und Literaturwissenschaft. Hrsg. v. Instytut Filologii Germańskiej der Uniwersytet Opolski. Frankfurt/M. 2002, S. 197-214, hier S. 198.
[40] Jurij Brězan: Krabat oder Die Verwandlung der Welt. Berlin 1976.

chigen Staates sein, der ihr Sprachgebiet mit einschließt, unter den nach wie vor gültigen Bedingungen der Definition der Nation eben nicht als „deutsch" gelten und – in ihrer Eigenschaft als Sorben – nie als Mitglied der deutschen Semiosphäre akzeptiert waren. „Die sorbische Literatur [...] ist [...] – weitestgehend unbemerkt von der deutschsprachigen Öffentlichkeit – zu einer neuen deutschen Literatur herangewachsen."[41] Der Slawist Koschmal gebraucht „deutsche Literatur" hier im räumlichen Sinne einer „Literatur in Deutschland". Eine solche Literatur aber hat in der deutschen Literaturgeschichte bisher keinen Platz. Brězans Enttäuschung ist nachvollziehbar:

> Daß Dissertationen zu *Krabat* in Litauen, Rußland, Polen und auch hier im Lande verfaßt wurden, tröstete mich wenig darüber, daß das Buch in der literarischen Öffentlichkeit der Bundesrepublik offenbar als nicht erschienen galt.[42]

Offensichtlich hat die Nation – und mit ihr ‚ihre' Nationalphilologie – den Raum und die in ihm lebenden Menschen und ihre Literaturen so sehr mit ihrer Semiosphäre überdeckt, dass kein Ort mehr für die Wahrnehmung von etwas übrig blieb, das nicht so recht mehr als „deutsch", als national klassifiziert werden konnte (wiewohl die Texte der sorbischen Literatur selbst teilweise deutschsprachig sind). Betrachtet man nun vollends die Geschichte der Literatur in dem jeweils „Deutschland" genannten Territorium auch vergangener Zeiten, so fällt auf, dass es in der deutschen Literaturgeschichte keinen Platz gibt auch nur für die Thematisierung der Tatsache, dass in Oberschlesien[43], Westpreußen[44], den polnischen Teilungsgebieten Preußens[45], Masuren[46] und in Kleinlitauen[47] eine jeweils nicht deutschsprachige Literatur existiert hat (von den Sorben ganz zu schweigen).

---

[41] Walter Koschmal: Sorbische Literatur in deutscher Sprache. (Original, Übertragung). In: Perspektiven sorbischer Literatur. Hrsg. v. Walter Koschmal. Köln 1993, 297-310, hier S. 299.
[42] Jurij Brězan: Ohne Paß und Zoll. Aus meinem Schreiberleben. Leipzig 1999, S. 211.
[43] Vgl. als große, nie in den allgemeinen literaturgeschichtlichen Umlauf aufgenommene Ausnahme Arno Lubos: Geschichte der Literatur Schlesiens. Bd. 3. München 1974, S. 474-655.
[44] Vgl. etwa Hieronim Derdowski: O Panu Czorlińścim co do Pucka po sece jachoł. Toruń 1880.
[45] Vgl. Julian Krzyżanowski, Czesław Hernas: Literatura polska. Przewodnik encyklopedyczny. Bd. 2. Warszawa 1985, S. 226-228.
[46] Wojciech Kętrzyński: Aus dem Liederbuch eines Germanisierten. Lwów 1938.

Das Problem rührt ans Selbstverständnis der Nationalphilologien: Diese gingen von einer Gegenstandsbestimmung aus, die vorstrukturiert war durch eine nationale Semiosphäre und deshalb die Berücksichtigung anderer Semiosphären unnötig machte. Ihr Zweck war die Ausstattung des nationalen Kultur-Innenraums. Zugleich wurden diese nationalen Kultur-Innenräume so auf den „realen" Raum projiziert, dass in diesem selbst nichts zu existieren schien, was nicht zur Semiosphäre hinzugehörte. Der Zorn, den das Auftreten unerwarteter (weil bisher nicht beachteter) nationaler Minderheiten in einigen sich für (national) „gebildet" haltenden Kreisen auslösen kann, rührt gerade hierher: Es widerspricht einem ganzen Kultur- und Lebenskonzept. Dieses ist so wirksam, dass es aus Sicht der Nationalphilologie sehr schwierig ist, überhaupt *irgendwie* mit gleichzeitig im gleichen Raum befindlichen ‚anderen' Literaturen umzugehen. Ein schönes Beispiel hierfür ist die aktuelle Welle interkultureller Literatur, an die sich mittlerweile auch eine eigene „Interkulturelle Literaturwissenschaft" innerhalb der Germanistik anschließt.[48] Diese konzentriert sich auf Literatur, die interkulturelle Begegnung zum Gegenstand hat, Kulturen also als voneinander getrennte Blöcke behandelt, die sich über klar voneinander abgegrenzte unterschiedliche Territorien erstrecken und dann in interkulturellen Kontakt miteinander geraten, wenn Individuen aus einer Kultur die Grenze zur anderen Kultur überschreiten (wobei diese Kulturgrenzen nur in einem größeren, gemeinsamen Kultur-Innenraum konstruiert werden).

Gegenstand der Interkulturellen Literaturwissenschaft sind so Reise- und Migrationsliteratur. Damit freilich wird an der Überschreibung der Territorien durch nationale Semiosphären festgehalten und das eigentlich „interkulturelle" Problem, eine nicht durch Mobilität zum Raum hinzukommende, sondern durch Unterschiedlichkeit der Bewohner des Raumes immer schon vorhandene Polykulturalität innerhalb der Territorien selbst ausgeblendet. Die Sorben oder die Polen in den Teilungsgebieten wanderten nicht nach Deutschland ein, sie waren, will man denn noch immer und schon wieder in solchen Kategorien denken, immer schon da – lange vor den Deutschen. Und auch viele der Autoren sogenannter „Migrantenliteratur" sind in

---

[47] Vgl. Jürgen Joachimsthaler: Die deutschen Litauer. Zur Funktion einer ethnischen Minderheit in der deutschen National-Textur bis 1918. Erscheint in: Sprache und Nation in Nordosteuropa. Hrsg. Von Konrad Maier. Wiesbaden.
[48] Vgl. Interkulturelle Literatur in Deutschland. Eine Einführung. Hrsg. v. Carmine Chiellino. Stuttgart / Weimar 2000 und Michael Hofmann: Interkulturelle Literaturwissenschaft. Eine Einführung. Paderborn 2006.

Deutschland geboren und aufgewachsen und wehren sich verständlicher Weise gegen das Etikett „Migrant." Aus nationalsemiosphärischer Sicht jedoch kann man sie kaum anders bezeichnen: Für den Bewohner der Nationalsemiosphäre sind sie, wenn sie denn überhaupt in seine Wahrnehmung geraten, unversehens „Hinzukommende" von „außerhalb" der Semiosphäre. Das Problem besteht nur darin, das „Außerhalb" der Semiosphäre gleichzusetzen mit einem „Außerhalb" des Territoriums, auf das die Semiosphäre sich nach wie vor so projiziert, als wäre sie mit ihm identisch. Dann erscheinen diese „Migranten" nach wie vor als Zuwanderer minderen Rechts – und die Sorben als nicht vorhanden.

6. Die Kulturraum-Verdichtung

Doch tatsächlich gibt es in einem Territorium selten nur eine Semiosphäre. Oft überlagern in ihm sich die Kultur-Innenräume, ohne dass deren Bewohner einander wechselseitig wirklich wahrnehmen müssten. Sie leben in voneinander geschiedenen Parallelwelten und Semiosphären und reagieren auf im selben Raum anwesende Zeichen nur dann, wenn diese eine Bedeutung für die „eigene" Semiosphäre haben (ein bewusst exotisierendes Beispiel: Am selben Ort können Buddhisten und Hinduisten leben. Doch ihr Leben ist an unterschiedlichen Tempeln und den von diesen ausgehenden Signalen ausgerichtet. Der Hindu reagiert normaler Weise ebenso wenig auf ein buddhistisches Signal wie umgekehrt. Man ist gewöhnt, dass die jeweils ‚anderen' Signale da sind und hört und sieht sie nicht mehr. Sie sind „Rauschen"). Ich habe dieses Problem einmal als „Kulturraumverdichtung" zu umschreiben versucht[49]: Kulturräume sind variable, fluktuierende Größen, die mit Menschen, Büchern und oft auch nur Dingen sich ausbreiten können. Es gibt einen katholischen (und einen buddhistischen, einen chassidischen, einen lutherischen etc.) Kulturraum und einen Kulturraum der deutschen Sprache (innerhalb dessen wiederum verschiedene Kulturräume verschiedene Dialekte existieren), aber auch die Kulturräume aller anderen Sprachen, einen Kulturraum der deutschen Verwaltung, einen Kulturraum des Bieres und einen Kulturraum des Kartoffelanbaus, einen Kulturraum von McDonalds und einen Kulturraum des Schachspiels etc. Kulturräume sind Verbreitungsräume jeweils eines Kulturgutes.

---

[49] Jürgen Joachimsthaler: Die Literarisierung einer Region und die Regionalisierung ihrer Literatur. In: Regionalität [wie Anm. 39], S. 17-49.

Es gibt keinen Menschen (als Träger kultureller Eigenschaften wie Sprache, Konfession, Nationalität, etc.) und keinen von Menschen bewohnten Raum, der nicht eine Überschneidung zahlreicher Kulturräume wäre. Dabei überschneiden sich einerseits kategorial unterschiedliche Kulturräume wie z.B. der eines Getränkes, der einer Konfession, der eines Staates und der einer Sprache, gleichzeitig aber überschneiden sich auch innerhalb der Kategorien miteinander verwandte und oft konkurrierende Kulturräume: Es gibt wohl keinen Ort auf der Welt, an dem es nicht verschiedene Getränke gibt, an dem sich also die Kulturräume verschiedener Getränke überschneiden.

Meist sind nur die staatlich-administrativen Kulturräume wirklich territorial eindeutig voneinander abgegrenzt und versuchen dann, innerhalb ‚ihres' Territoriums eine Semiosphäre zu erzeugen, um die Bevölkerung stärker an sich zu binden und zu durchformen. Zu diesem Zweck werden verschiedene der auf dem Staatsgebiet sich überschneidenden Kulturräume zu einer Kulturraumverdichtung gebündelt, die dann das in der Semiosphäre vorherrschende Identitätsmuster abgeben sollen, indem sie z.B. *eine* Sprache mit *einer* Konfession und *einer* Ethik und vielleicht sogar *einer* Kleiderordnung zum für gültig erklärten Identitätsmuster zu verdichten suchen. Dadurch werden Kulturräume zu Kultur-Innenräumen. Dass es im gleichen Territorium gleichzeitig auch noch Sprecher anderer Sprachen, Gläubige anderer Konfessionen etc. gibt, wird marginalisiert wenn nicht gar bekämpft. Dadurch erst entsteht der Eindruck, es gäbe z.B. ein „Deutschland", dem (und dessen Bewohnern) erkennbare „deutsche" Eigenschaften zugeschrieben werden können, die das Land von anderen Ländern unterscheidet. Doch faktisch gibt es im Kultur(-Innen)raum des Bieres häufig auch Weintrinker und umgekehrt. Die Kultur(-Innen)räume überschneiden sich. Und dies gilt auch für Konfessionen und Sprachen, „Nationalitäten".

Der „spatial turn" ermöglicht es nun durchaus, die Literatur eines, z.B. des katholischen oder des deutschsprachigen Kulturraumes (oder auch des zu einer bestimmten Zeit „Deutschland" genannten Territoriums) zu beschreiben, aber er verlangt, dass jede mit dieser Literatur und ‚ihrem' Kultur-Innenraum verbundene semiosphärische Konstruktion mit reflektiert wird. Doch der eigentliche Reiz des „spatial turn" liegt in seiner Möglichkeit, völlig Abschied zu nehmen vom nationalen Paradigma und auf Gegenstandsebene Räume neu zu konstituieren, innerhalb derer dann das Neben- und Miteinander aller dort vorhandenen Literaturen untersucht wird. Ein solcher Raum kann immer noch „Deutschland" heißen, aber auch

"Mitteleuropa"[50], Galizien[51] oder Breslau.[52] Der jeweilige Raum braucht nicht mehr national definiert zu werden – und bleibt als literarisch "möblierter" doch ein bewohnbarer Kultur-Innenraum mit Bedeutungsdimension. Nur dass die Räume ihre Absolutheit verlieren. An die Stelle stabiler Innen-Außen-Gegensätze treten verschiebbare Wände mit gleitendem Mobiliar, das sich zu immer neuen Kombinationen und Strukturen ordnen lässt, so dass zwar kaum *alles* in *jedem* Raum vorkommen wird, aber doch in *mehreren gleichzeitig möglichen*. Damit werden Kultur-Innenräume "Spielfelder", die um die Arbitrarität ihrer Beschaffenheit wissen und gerade deshalb für ihre Bewohner, letztlich also für sich selbst, frei verfügbar sind. In autopoietischer Schleife "kehrt" der Raum so tatsächlich zu sich selbst zurück – als sein eigenes Projekt.

7. Ergebnisse. Beispiele

Interkulturalität und zwischenkulturelles Mit- und auch Gegeneinander lassen sich, so die Erkenntnis, nicht von der nur immer auf die eigene Semiosphäre konzentrierten Nationalphilologie aus erfassen, sondern nur durch den Blick auf das Miteinander in konkreten Regionen.[53] An die Stelle der Chronologisierung einer ganz mit der Darstellung der nationalen Entwicklungsgeschichte beschäftigten nationalen Literaturgeschichte tritt eine auf das räumliche Miteinander des Verschiedenen konzentrierte interkulturelle Komparatistik. Raum, also räumliches Nebeneinander löst Zeit, also zeitliches Nacheinander als Gestaltungsvorgabe ab. An die Stelle des nationalen Entwicklungsromans und der analog dazu aufgebauten nationalen Literaturgeschichte mit der *einen* Zentralperspektive tritt der polyphon auf viele Stimmen und Schauplätze verteilte ‚postmoderne' Roman mit seiner dekonstruktiv sich selbst reflektierenden Ästhetik voll gleichberech-

---

[50] Vgl. Zoran Konstantinović, Fridrun Rinner: Eine Literaturgeschichte Mitteleuropas. Innsbruck, Wien, München, Bozen 2003.
[51] Vgl. etwa Stefan H. Kaszyński: Galizien – eine literarische Heimat. Poznań 1987.
[52] Wrocław liryczny – lyrisches Breslau. Hrsg. v. Marek Graszewicz und Marek Zybura: Wrocław 1997.
[53] Vgl. bereits Johann Strutz: Komparatistik regional – Venetien, Istrien, Kärnten. In: Peter V. Zima: Komparatistik. Einführung in die Vergleichende Literaturwissenschaft. Unter Mitwirkung von Johann Strutz. Tübingen 1992, S. 294-331.

tigt loser Erzählfäden, die eine neue, strukturell ‚offene' Art des Kultur-Innenraums evozieren.[54]

Deutlich sichtbar wird diese Ästhetik mittlerweile an der zunehmenden Zahl räumlich orientierter Anthologien und lexikonartig aufgebauter ortsbezogener literaturwissenschaftlicher Darstellungen, die versuchen, verschiedensprachige Literaturen aus demselben Raum, derselben Region oder demselben Ort gleichberechtigt *nebeneinander* zu stellen[55] und damit nicht mehr Nationen, sondern interkulturelle Regionen und Orte mit Hilfe einer Poetik des Neben- und Miteinander zu evozieren. Die *Atlantis des Nordens*[56] oder das ‚postmodern' synkretistisch deutsche und polnische Traditionen miteinander verschmelzende „Bresław"[57] sind Beispiele für eine hybridisierende Utopie und die einander überlagernde Zeiten *nebeneinander* legende neue „terra recognita".[58]

Nicht umsonst stammen viele dieser Bücher aus Polen, ging dort doch der „spatial turn" einher mit einer Entdeckung der multikulturellen Traditionen der jeweiligen Region. Während in Deutschland auf oft gegenstandsferner abstrakter Ebene noch über die Sinnhaftigkeit und Verwendbarkeit dieses „turns" in den Philologien diskutiert wird, sehen wir hier Ergebnisse, die das öffentliche Bild ganzer Städte und Landschaften mitformen und langsam verändern und für deren Bewohner konzeptionell neue multikulturelle Kultur-Innenräume schaffen. Und mit ihnen ändert sich die Textästhetik sowohl der Literatur als auch literaturwissenschaftlicher Darstellungen. Die Darbietungsweise in Anthologien (und Lexika) erlaubt es ja, Texten

---

[54] Ein herausragendes Beispiel wäre das literarische und essayistische Werk Samuel R. Delanys. Vgl. Jürgen Joachimsthaler: „The spaces between the columns". Die Text-Räume und Raum-Texte des Samuel R. Delany. In: Zeitschrift für Anglistik und Amerikanistik 55 (2007), S. 395-416.

[55] Beispiele wären: Auf der Karte Europas ein Fleck. Gedichte der osteuropäischen Avantgarde. Hrsg. v. Manfred Peter Hein. Zürich 1991; Wrocław liryczny [wie Anm. 52]; Karkonosze liryczne. Lyrisches Riesengebirge. Lyrické Krkonoše. Hrsg. v. Wojciech Grzelak. Jelenia Góra 2001; Meiner Heimat Gesicht. Ostpreußen im Spiegel der Menschen und Landschaft. Hrsg. v. Kazimierz Brakoniecki und Winfried Lipscher. München 2001; Tripolis Prage. Hrsg. v. Walter Schmitz und Ludger Udolph. Dresden 2001.

[56] Brakoniecki, Atlantis [wie Anm. 30].

[57] Andrzej Zawada: Bresław. Eseje o miejscach. Wrocław 1996.

[58] Elżbieta Dzikowska: Terra recognita. Polnische Schriftsteller über deutsche Vergangenheit ihrer schlesischen Heimatorte. In: Die Rezeption der deutschsprachigen Gegenwartsliteratur nach der Wende von 1989. Hrsg. v. Norbert Honsza und Theo Mechtenberg. Wrocław 1997, S. 217-233.

und Autoren im *Nebeneinander* ihr jeweiliges So-Sein zu belassen, ohne sie in eine ideologisierte (z.b. nationale) Gesamtnarration einbinden und die oft gegenstandsfremde Frage stellen zu müssen, wo sie denn nun, als wären sie nicht dort, wo sie sind, eigentlich ‚hingehören' (man denke nur an den Umgang mit Autoren jüdischer Herkunft in manchen nationalen Literaturgeschichten). An die Stelle einer national eingeschränkten Wahrnehmung tritt damit europäisch offene Weite und Großzügigkeit.

> Gründete das nationale Paradigma auf binären Alteritätskonstruktionen, denen zufolge ein „Eigenes" gegenüber einem „Fremden" zu behaupten sei, so ermöglicht es das Regionale nun, an einem Ort, in einer Stadt, in einer Region und in einer Landschaft räumlich neben-, mit- und durcheinander anwesende Kulturen, Bevölkerungen, Sprachen, Literaturen, Konfessionen, Traditionen etc. in ihrer Gleichzeitigkeit zu betrachten, statt sie weiterhin rhetorisch gegeneinander aufzustellen. Als Forschungsgegenstand von Interesse ist jetzt, was früher mit wissenschaftlichen Mitteln bekämpft oder zumindest (etwa in Form rein nationaler Literaturgeschichtsschreibung) ausgeblendet wurde, wie nämlich lokal einander überlagernde kulturelle Sphären unterschiedlicher Provenienz zueinander sich verhalten, sich vermischen, gegenseitig beeinflussen, einander anziehen und abstoßen oder gar in Konflikt miteinander geraten, nicht mehr aber, dass die Rechtmäßigkeit der Anwesenheit der einen am jeweiligen Ort gegen die der anderen ausgespielt wird.[59]

Jede Kulturwissenschaft ist Bestandteil dessen, wovon sie handelt. Mit jeder Aussage trifft sie auch sich selbst, konturiert sich, verändert sich und mit sich ihren Gegenstand, der nicht unabhängig von ihr zu denken ist.

---

[59] Jürgen Joachimsthaler, Robert Rduch: Digitale Bibliothek OS. Eine Vision. In: http://www.kakanien.ac.at/beitr/materialien/JJoachimsthaler_RRduch1.pdf.

Eugen Kotte

Geschichtskultur am Beispiel mitteleuropäischer Historienliteratur

1. Geschichtskultur

EIN für die heutige Beschäftigung mit der Geschichtskultur wesentlicher Impuls wurde 1976 in einer Sektion auf dem Mannheimer Historikertag gegeben, in der durch aufeinander bezogene Vorträge Karl-Ernst Jeismanns, Rudolf Vierhaus' und Jörn Rüsens die Geschichtswissenschaft in ihren drei Konstituenten der Didaktik, der Forschung und der Theorie skizziert wurde.[1] Jeismann erklärte damals das „Geschichtsbewusstsein in der Gesellschaft"[2] zum zentralen Forschungs- und Untersuchungsfeld einer umfassend verstandenen Didaktik der Geschichte und wies damit ihre ausschließliche Begrenzung auf den Status einer reinen Schulfachdidaktik zurück. Sein ausdrücklicher Verweis auf weitere Bereiche der öffentlichen Vermittlung von Geschichte in Medien, Museen und Denkmalpflege[3], lenkte die Aufmerksamkeit auf einen bislang weitgehend vernachlässigten Bereich, der 1984 das erste Mal mit dem Begriff „Geschichtskultur" bezeichnet wurde.[4]

---

[1] Bernd Schönemann: Geschichtskultur als Wiederholungsstruktur? In: Geschichte, Politik und ihre Didaktik 34 (2006), H. 3/4, S. 182-191; hier S. 182; Bernd Schönemann: Geschichtsdidaktik, Geschichtskultur, Geschichtswissenschaft. In: Geschichts-Didaktik. Praxishandbuch für die Sekundarstufe I und II. Hrsg. v. Hilke Günther-Arndt. Berlin 2003, S. 11-22; hier S. 11, 16, 22. Die drei angesprochenen Vorträge wurden als Sammelband veröffentlicht: Geschichtswissenschaft. Didaktik – Forschung – Theorie. Hrsg. v. Erich Kosthorst. Göttingen 1977.

[2] Vgl. Karl-Ernst Jeismann: Didaktik der Geschichte. Die Wissenschaft von Zustand, Funktion und Veränderung geschichtlicher Vorstellungen im Selbstverständnis der Gegenwart. In: Geschichtswissenschaft [wie Anm. 1], S. 9-33; hier S. 12.

[3] Vgl. ebd., S. 15f.

[4] Vgl. Schönemann, Geschichtskultur [wie Anm. 1], S. 183. Schönemann bezieht sich hier auf den Band Geschichtskultur – Geschichtsdidaktik. Internationale Bibliographie. Hrsg. v. Karl Pellens, Siegfried Quandt, Hans Süssmuth. Paderborn, München, Wien, Zürich 1984.

Bernd Schönemann skizziert zwei Phasen in der Entwicklung der wissenschaftlichen Auseinandersetzung mit geschichtskulturellen Phänomenen.[5] Wurden bis etwa 1990 geschichtsbezogene Elemente, Themen und Artikulationen im Museums- und Ausstellungsbereich, in Presse, Rundfunk und Fernsehen, in der populärwissenschaftlichen Literatur und schließlich – für diesen Beitrag von besonderer Bedeutung – auch in fiktionalen Gestaltungen wie Spielfilmen und Belletristik untersucht, erhob man danach die Geschichtskultur zur geschichtsdidaktischen Kategorie, durch die ein Forschungskonzept begründet und mit einer sowohl systematischen wie auch diachronen Tiefenstruktur versehen wurde.

Wolfgang Hardtwig verstand Geschichtskultur 1990 noch als „Sammelbezeichnung für höchst unterschiedliche, sich ergänzende oder überlagernde, jedenfalls direkt oder indirekt aufeinander bezogene Formen der Präsentation von Vergangenheit in einer Gegenwart", die nicht statisch, „sondern permanent im Wandel [sei], und [...] als Ergebnis einer Vielfalt von Bedingungsfaktoren"[6] entstehe. Diese stark an „geformten Objektivationen"[7] wie Historiographie, Denkmälern und Nationalfesten orientierte Definition ergänzte Thomas E. Fischer zehn Jahre später mit dem Verweis auf „Mentalitäten, [...] Gruppeneinstellungen und weitverbreitete Denkmuster und Stimmungen"[8], die bei Hardtwig keine Berücksichtigung fänden. Geschichtskultur sei nicht allein Produkt historischer Kenntnisse, sondern weit darüber hinaus Resultat „mehr geahnte[r] als gewußte[r] Vergangenheitsdeutungen".[9] Daher definiert Fischer Geschichtskultur als „Art und Weise, wie die Menschen einer Gesellschaft ihre vielfältigen Vergangenheitsperspektiven als Geschichte wahrnehmen, wie sie sich selbst in den angenommenen Verlauf von Vergangenheit, Gegenwart und Zukunft einordnen, welche Assoziationen und Gefühle sie mit diesen Annahmen verbinden und wie sie diese gestaltend umsetzen".[10]

Fischer rekurriert – unausgewiesen – mit dieser Definition auf Jörn Rüsen, der unter ausdrücklicher Berufung auf Karl-Ernst Jeismanns Begriff

---

[5] Vgl. ebd., S. 183.
[6] Wolfgang Hardtwig: Geschichtskultur und Wissenschaft. München 1990, S. 8f.
[7] Thomas E. Fischer: Geschichte der Geschichtskultur. Über den öffentlichen Gebrauch von Geschichtskultur von den antiken Hochkulturen bis zur Gegenwart. Köln 2000, S. 11.
[8] Ebd., S. 12.
[9] Ebd.
[10] Ebd.

des Geschichtsbewusstseins[11] die spezifisch historische Erinnerung als dessen mentale Prozedur beschreibt. Geschichtskultur ist nach Rüsen die „praktisch wirksame Artikulation von Geschichtsbewußtsein im Leben einer Gesellschaft".[12] Vormals getrennte Bereiche und isoliert voneinander verfolgte Strategien der historischen Erinnerung wie Fachwissenschaft, Unterricht, Denkmalpflege, Museen, Gedenkstätten, Archive und auch den Öffentlichkeitshistorismus stellt Rüsen als „Manifestationen eines übergreifenden gemeinsamen Umgangs mit Vergangenheit"[13] in einen komplexen Zusammenhang, den er als „Geschichtskultur" bezeichnet. Diese Geschichtskultur „synthetisiert [...] kulturelle Einrichtungen zum Ensemble von Orten der kollektiven Erinnerung und integriert die Funktionen der Belehrung, der Unterhaltung, der Legitimation, der Kritik, der Ablenkung, der Aufklärung und anderer Erinnerungsmodi in die übergreifende Einheit der historischen Erinnerung".[14] Historische Erinnerung beschreibt allerdings nicht allein Geschichtskultur als Bewusstseinsinhalt, sondern auch die Wirksamkeit von „Dimensione[n] und Bereiche[n] menschlicher Mentalität, die nicht in der Zielgerichtetheit und Reflexivität von Bewußtsein aufgehen".[15]

Wenn Geschichte, wie Rüsen ausführt, „als zeitlich dimensionierte Kultur [...] [, die] den Gesamtbereich von Mentalität, Bewußtsein und Geist [...] [umgreift], als Wechselspiel zwischen deutender Aneignung von Welt und Ausdruck menschlichen Selbstseins"[16] zu verstehen ist, werden mit dem Begriff „Geschichtskultur" zeitlich dimensionierte Interpretationen von Geschichte als „Erfahrungsinhalt[e], [...] Deutungsprodukt[e], [...] Orientierungsgröße[n] und [...] Zweckbestimmung[en]"[17] erfasst. Historische Erinnerung ist demgegenüber spezifischer als „mentaler Vorgang eines Selbstbezugs der sich erinnernden Subjekte in Form der Vergegenwärtigung ihrer Vergangenheit"[18] zu verstehen. Geschichtskultur erscheint so als anthropologische Konstante des Menschen bzw. der menschlichen Gemein-

---

[11] Vgl. Jörn Rüsen: Was ist Geschichtskultur? Überlegungen zu einer neuen Art, über Geschichte nachzudenken. In: Historische Faszination. Geschichtskultur heute. Hrsg. v. Klaus Füßmann, Heinrich Theodor Grütter, Jörn Rüsen. Köln, Weimar, Wien 1994, S. 3-26; hier S. 7.
[12] Ebd., S. 5.
[13] Ebd., S. 4.
[14] Ebd.
[15] Ebd., S. 5.
[16] Ebd., S. 6.
[17] Ebd., S. 7.
[18] Ebd.

schaft, verwurzelt in den „drei Grundmodi menschlicher Mentalität [...], [...] Gefühl, Wille und Verstand".[19]

Geschichtskultur kristallisiert sich somit als „Inbegriff der durch historische Erinnerung geleisteten Wahrnehmung und Deutung von Zeit, Orientierung in ihr und Zwecksetzung mit ihr"[20] heraus. Die historische Erinnerungsleistung besteht in einer „eigentümliche[n] Synthese von Empirie und Normativität, von Tatsachen und Werten, [...] [von] Erfahrung und Bedeutung."[21] Die spezifische mentale Operation wird dabei mit einer Art narrativem Grundmuster vollzogen.[22]

Rüsen betrachtet Geschichtskultur als äußeren Aspekt des gesellschaftlichen Geschichtsbewußtseins, ermöglicht als Orientierung in der Zeit durch historisches Erinnern, um der menschlichen Lebenspraxis eine zeitliche Richtung zu geben, so dass „aktuell erfahrene, handelnd bewirkte und zukünftig beabsichtigte Veränderungen nach einem Muster von Zeitverläufen gedeutet werden [können]".[23] Die innere Seite wird demgegenüber durch das in Internalisierungs- und Sozialisationsprozessen aufgebaute individuelle Geschichtsbewusstsein[24], das Identitätsfindung ermöglicht[25], gebildet. Damit ist nach Rüsen „Geschichtskultur [...] die durch das Geschichtsbewusstsein geleistete Erinnerung, die eine zeitliche Orientierung der Lebenspraxis in der Form von Lebensbestimmungen des Handelns und des Selbstverhältnisses seiner Subjekte erfüllt".[26]

Die auf diese Weise beinhaltete Sinnbildungsleistung differenziert Rüsen entsprechend seiner Auffassung von der anthropologischen Basis der Geschichtskultur in drei Dimensionen:

1. Die ästhetische Dimension, unmittelbar erfahrbar in künstlerischen Gestaltungen von Geschichte wie z. B. Historienliteratur und Historienfilmen, darüber hinaus aber auch beispielsweise in der Historiographie als Ergebnis auch sprachlicher Sinnbildungsprozesse, ist als Leistung der Imagination anzusehen, „in der die Erfahrungsinhalte der Erinnerung mit historischem Sinn aufgeladen werden, d. h. zu Trägern eines Zeitverlaufs werden, der als ‚Geschichte' den Zeitverlauf der gegenwärtigen Lebenspra-

---

[19] Ebd., S. 17.
[20] Vgl. ebd., S. 8.
[21] Ebd.
[22] Vgl. ebd., S. 9.
[23] Ebd., S. 10.
[24] Vgl. Schönemann, Geschichtskultur [wie Anm. 1], S. 183.
[25] Vgl. Rüsen, Geschichtskultur [wie Anm. 11], S. 10.
[26] Ebd., S. 11.

xis deutlich macht."²⁷ Dies kann auch durch mythifizierende Geschichtsbilder geschehen, die Rüsen in Übereinstimmung mit dem amerikanischen Historiker Richard Hofstadter[28] als Sinngebilde mit einem Kern an Tatsächlichkeit ausweist, der durch eingelagerte Deutungsmuster überschritten wird.[29]

2. Die politische Dimension leitet sich aus der Legitimationsnotwendigkeit von Herrschaftsformen ab, für die historische Erinnerung eine besondere Bedeutung besitzt (z. B. bei Gedenktagen).

3. Die kognitive Dimension wird vornehmlich, aber nicht ausschließlich durch die historischen Wissenschaften und den Schulunterricht realisiert.

Bernd Schönemann, der im Anschluss an Jan Assmann[30] Geschichtskultur weniger als „anthropologische Substanz [...], sondern als [...] heuristische Kategorie" begreift, um zu erkunden, „*wie* Gesellschaften es fertigbringen, sich zu erinnern"[31], erweitert diese Auflistung um eine institutionelle, eine professionelle, eine mediale und eine adressaten- oder publikumsbezogene Dimension.[32] Obwohl diese Ergänzung im Hinblick auf den Organisations- und Vermittlungsaspekt bedeutsam ist, markiert sie doch Dimensionen von anderer Qualität, denn die von Rüsen benannten Dimensionen rücken den funktionalen und intentionalen Aspekt von Geschichtskultur in den Vordergrund. Dennoch ist es im Rahmen dieses Beitrags bedeutsam, dass Schönemanns mediale Dimension auch die historische Belletristik umfasst.[33]

Überdies ist die bei Rüsen zwar angelegte, aber erst durch Schönemann nachdrücklich betonte „diachronische Tiefenstruktur"[34], durch die letzterer sich von geschichtsdidaktischen Versuchen, Geschichtskultur als allein aus der aktuellen Lebenswelt von Schülerinnen und Schülern abgeleitete Größe zu mediatisieren, präsentistisch zu verengen und ereignisgeschichtlich zu

---

[27] Ebd., S. 14.
[28] Vgl. Richard Hofstadter: The Age of Reform: from Bryan to F. D. R. New York 1961, S. 24.
[29] Vgl. Rüsen, Geschichtskultur [wie Anm. 11], S. 14.
[30] Vgl. Jan Assmann: Das kulturelle Gedächtnis. Schrift, Erinnerung und politische Identität in frühen Hochkulturen. München 1992, S. 46-56.
[31] Bernd Schönemann: Geschichtsdidaktik und Geschichtskultur. In: Geschichtskultur. Theorie – Empirie – Pragmatik. Hrsg. v. Bernd Mütter, Bernd Schönemann, Uwe Uffelmann. Weinheim 2000, S. 26-58; hier S. 46.
[32] Vgl. ebd., S. 50-55.
[33] Vgl. ebd., S. 52.
[34] Vgl. Schönemann, Geschichtskultur [wie Anm. 1], S. 182.

reduzieren,[35] deutlich absetzt,[36] von fundamentaler Bedeutung. „[D]ie begrifflich und kategorial noch recht junge Geschichtskultur [beschreibt] einen komplexen gesellschaftlichen Sachverhalt [...], der über eine große *diachronische Tiefe* verfügt. Geschichtskultur ist *historisierbar* und *historisierungsbedürftig.*"[37]

2. Geschichte und Fiktion

Jörn Rüsen hat herausgestellt, dass das in der Geschichtskultur geleistete historische Erinnern einer mentalen Operation entspricht, durch die die „zugleich empirische und normative Bestimmung von Inhalten" erbracht werden kann. Diese Operation identifiziert er im „Erzählen von Geschichten".[38] Rüsen rekurriert mit dieser Feststellung auf die narrative Struktur des Geschichtsbewusstseins, die er auch im Hinblick auf Bilder und Symbole gegeben sieht, für die er nachweist, „daß sie eine genuin narrative Funktion, [...] eine ‚narrative Abbreviatur'"[39] besitzen.

Die somit für die Geschichtskultur insgesamt festgestellte narrative Grundstruktur korrespondiert mit Hayden Whites Ansatzpunkt in seiner Studie *Metahistory*[40] zur europäischen Geschichtsschreibung und Geschichtsphilosophie des 19. Jahrhunderts, die im Kontext des kulturwissenschaftlichen *linguistic turn* zu sehen ist.[41]

> Geschichtsschreibungen [...] kombinieren eine bestimmte Menge von ‚Daten', theoretische Begriffe zu deren ‚Erklärung' sowie eine narrative Struktur, um ein Abbild eines Ensembles von Ereignissen herzustellen, die sich in der Vergangenheit zugetragen haben sollen. Zudem haben sie [...] einen tiefenstrukturellen – allgemein poeti-

---

[35] Vgl. Hans-Jürgen Pandel: Geschichtsunterricht nach PISA. Kompetenzen, Bildungsstandarts und Kerncurricula. Schwalbach/Ts. 2005, S. 131.
[36] Vgl. Schönemann, Geschichtskultur [wie Anm. 1], S. 186-187.
[37] Ebd., S. 184.
[38] Rüsen, Geschichtskultur [wie Anm. 11], S. 8.
[39] Ebd., S. 9.
[40] Vgl. Hayden White: Metahistory. Die historische Einbildungskraft im 19. Jahrhundert in Europa. Aus dem Amerikanischen von Peter Kohlhaas. Frankfurt a. M. 1991, S. 9.
[41] Vgl. Wolfgang E. J. Weber: Einleitung und allgemeiner Überblick. In: Silvia Serena Tschopp, Wolfgang E. J. Weber: Grundfragen der Kulturgeschichte. Darmstadt 2007, S. 1-23; hier S. 3.

schen und insbesondere sprachlichen – Gehalt; er fungiert als das vorkritisch akzeptierte Paradigma, wie eine spezifisch ‚historische Erklärung' auszusehen hat.[42] White stellt manifeste epistemologische, ästhetische und moralische Dimensionen der Historiographie fest, die seines Erachtens auf einem vorkritischen Fundament basieren.[43] Zwar lässt sich hinsichtlich der von Rüsen erörterten Dimensionen der Geschichtskultur keine Kongruenz feststellen; wohl aber können die von White benannten Dimensionen, die er auch als „theoretische Operationen"[44] kennzeichnet, mit denjenigen Rüsens in Verbindung gebracht werden. Eine der grundsätzlichen Zielsetzungen Whites besteht darin, „die zu allen Zeiten in der Geschichtswissenschaft […] eingesetzten besonderen poetischen Elemente aufzudecken."[45]

Der Historiker – so White – organisiert zunächst „die Elemente des historischen Feldes in der zeitlichen Reihenfolge ihres Auftretens" in einer „Chronik", die er dann „durch eine weitere Aufbereitung der Ereignisse zu Bestandteilen eines ‚Schauspiels' oder Gescheniszusammenhangs"[46] in eine „Fabel" überführt. Bereits die Beschreibung dieses Vorgangs veranlasst White, darauf hinzuweisen, „in welchem Ausmaß die ‚Erfindung' auch die Arbeit des Historikers prägt"[47], so dass die herkömmliche Unterscheidung zwischen „Historie" und „Fiktion", zwischen Historiker und Romancier, nicht aufrecht zu erhalten sei. Die Umwandlung der Chronik in eine Fabel wird nach White durch die verschiedenen Strategien der formalen Schlussfolgerung, der narrativen Strukturierung und der ideologischen Implikation, durch die der erklärende Charakter historiographischer Aussagen erreicht werden soll[48], verfolgt.[49] Die durch Eklektizismus geprägte Untersuchungsmethode Whites, der im Anschluss an den Literaturwissenschaftler Northrop Frye für die Untersuchung der erzählenden Gestaltung Modi der Textzuordnung benennt[50], im Hinblick auf die Analyse der formalen Schlussfolgerungen das Paradigmenschema des Philosophen Stephen C. Pepper für die Herstellung von Kausalzusammenhängen benutzt[51] und zur

---

[42] White, Metahistory [wie Anm. 40], S. 9
[43] Vgl. ebd., S. 9f.
[44] Ebd., S. 10.
[45] Ebd., S. 11.
[46] Ebd., S. 19.
[47] Ebd., S. 20.
[48] Vgl. ebd., S. 10.
[49] Vgl. ebd., S. 21.
[50] Vgl. ebd., S. 22.
[51] Vgl. ebd., S. 29.

Herausfindung der ideologischen Implikationen auf die vom Soziologen Karl Mannheim herausgestellten Grundpositionen zurückgreift[52], kann hier nicht näher beleuchtet werden. Sie ist durchaus nachvollziehbar in unterschiedlichster Weise in Frage gestellt und kritisiert worden.[53] Wichtiger ist die Quintessenz Whites, „daß sich das ethische Moment einer Geschichtsdarstellung in der Art der ideologischen Implikation spiegelt, durch die eine *ästhetische* Wahrnehmung (die Modellierung der Erzählstruktur) und eine *kognitive* Operation (die formale Schlußfolgerung) so miteinander kombiniert werden, daß sich normative Aussagen aus Feststellungen ableiten lassen, die zunächst rein deskriptiv oder analytisch zu sein schienen."[54] Dieser Befund führt denn auch zur Behauptung, dass „die Historiographie *keine* Wissenschaft oder allenfalls eine Protowissenschaft mit deutlich bestimmbaren nichtwissenschaftlichen Anteilen ist".[55] Silvia Serena Tschopp geht nachvollziehbar davon aus, dass die Infragestellung des szientistischen Anspruchs historiographischer Tätigkeit von vielen Historikern als Provokation empfunden wurde, die „den Kern der Legitimation von Geschichte als Wissenschaft"[56] berührte. Die von White bereits im Vorwort seiner Untersuchung formulierten Schlussfolgerungen, verstärken die Kernbehauptung. Sie lassen sich folgendermaßen zusammenfassen: Geschichtsschreibung ist immer auch Geschichtsphilosophie. Sie bedient sich der Formularisierung poetischer Einsichten, durch die Theorien zur Festigung des Erklärungscharakters gerechtfertigt werden. Jede Reflexion von Geschichte steht unter dem Zwang der Wahl vorausgesetzter Interpretationsstrategien, die eher durch ästhetische oder moralische als durch erkenntnistheoretische Gründe entschieden wird, so wie auch die der Forderung nach Verwissenschaftlichung der Historie entsprechende Begriffsbildung aufgrund ästhetischer oder moralischer Erwägungen erfolgt und der epistemologischen Begründung ermangelt.[57] Dieser Befund gipfelte in einer späteren Publikation Whites in der Feststellung, dass „[r]ein als sprachliche

---

[52] Vgl. ebd., S. 39.
[53] Vgl. ausführlich zur Kritik an Hayden White: Silvia Serena Tschopp: Forschungskontroversen. In: Tschopp / Weber, Grundfragen der Kulturgeschichte [wie Anm. 41], S. 24-124, hier S. 92-93.
[54] Ebd., S. 44.
[55] Ebd., S. 38.
[56] Tschopp, Forschungskontroversen [wie Anm. 53], S. 92.
[57] Vgl. White, Metahistory [wie Anm. 40], S. 12-13.

Kunstwerke gesehen [...,] Geschichtswerke und Romane nicht voneinander unterscheidbar [sind]".[58]

Die Aufregung um Whites Thesen indes verdeckte zunächst die Möglichkeit, sie konstruktiv im Sinne der Rehabilitierung von Historienliteratur für die Geschichtswissenschaft und Geschichtsvermittlung zu wenden. Dabei erkennt auch Jörn Rüsen – wie dargestellt – die grundsätzlich narrative Struktur historischer Sinnbildungsleistung an[59], und Bernd Schönemann stellt im Rekurs auf Jeismann für die Geschichtsdidaktik noch einmal „die Absage an ein objektivistisches Geschichtsverständnis" heraus: „Die Vergangenheit ist vergangen und vorbei; erst indem wir sie erinnernd rekonstruieren, kehrt sie als Geschichte wieder, können wir uns ihrer bewusst werden. Geschichte ist also nicht naturhaft verfügbar oder objektiv gegeben, sondern das Ergebnis eines Rekonstruktionsvorganges, den jede Gegenwart für sich selbst neu in Gang setzt."[60] Somit ist White zumindest darin zuzustimmen, dass Literaten wie Historiker versuchen, „im Medium der Sprache Aussagen über die Vergangenheit zu machen und [...] sich dabei der Kulturtechnik des Erzählens [bedienen]. [...] Es ist außerdem richtig, das sowohl die wissenschaftliche als auch die poetische Geschichtsnarration das Ergebnis einer subjektiven Sinnbildungsleistung darstellen."[61]

Und so ist es unter anderem Hayden White zu verdanken, dass auch in Deutschland die Diskussion um das Verhältnis von Geschichte und Fiktion wiederbelebt wurde. Es ist mittlerweile kaum noch umstritten, „daß auch der Historiker – horribile dictu – mit Fiktionen arbeitet"[62], da er vorhandene Lücken im Quellenmaterial ausfüllt und aus eruierten Fakten eine Narration bildet. Diese Feststellung ist indes keineswegs revolutionär – im Gegenteil, sie blickt auf eine Jahrhunderte lange Tradition zurück, wenngleich bis weit

---

[58] Hayden White: Die Fiktion der Darstellung des Faktischen. In: Hayden White: Auch Klio dichtet oder Die Fiktion des Faktischen. Studien zur Tropologie des historischen Diskurses. Aus dem Amerikanischen von Brigitte Brinkmann-Siepmann und Thomas Siepmann. Stuttgart 1986, S. 145-160; hier S. 145.

[59] Die Feststellung der narrativen Grundstruktur historischer Sinnbildung wird nochmals deutlicher festgestellt in Jörn Rüsen: Wie kann man Geschichte vernünftig schreiben? Über das Verhältnis von Narrativität und Theoriegebrauch in der Geschichtswissenschaft. In: Theorie und Erzählung in der Geschichte. Hrsg. v. Jürgen Kocka und Thomas Nipperdey. München 1979, S. 300-333; hier S. 305-309.

[60] Schönemann, Geschichtsdidaktik, Geschichtskultur [wie Anm. 1], S. 12.

[61] Tschopp, Forschungskontroversen [wie Anm. 53], S. 99.

[62] Dietmar von Reeken: Das historische Jugendbuch. In: Handbuch Medien im Geschichtsunterricht. Hrsg. v. Hans-Jürgen Pandel und Gerhard Schneider. Schwalbach/Ts. 1999, S. 69-89; hier S. 69.

in das 20. Jahrhundert hinein Rankes Ansicht von der Möglichkeit, Vergangenheit so dazustellen, „wie es eigentlich gewesen"[63], dominierte. Bereits Johann Martin Chladenius wies auf den „Sehepunct"[64], der die interesse- und damit perspektivengebundene Optik des Historikers entlarvte, hin, und Jean-Jacques Rousseau erklärte bezeichnenderweise in seinem Roman [!] *Emile*, dass „die von der Historie beschriebenen Tatsachen keineswegs exakte Wiedergaben dergleichen Tatsachen [sind], so wie sie sich abgespielt haben – sie verändern sich im Kopf des Historikers, gleichen sich seinen Interessen an und nehmen die Färbung seiner Vorurteile an".[65] Auch Johann Gustav Droysen erkannte den Re-Konstruktionscharakter geschichtswissenschaftlicher Forschung und historiographischer Darstellung:

> Ich will nicht mehr, aber auch nicht weniger zu haben scheinen als die relative Wahrheit *meines* Standpunktes, wie mein Vaterland, meine religiöse, meine politische Überzeugung, meine Zeit mir haben gestattet. […] [D]ie Sachen selbst sprechen nicht, sondern wir lassen sie sprechen […].[66]

Daher ist die in der aktuellen Diskussion um Geschichte und Fiktion geäußerte Auffassung keineswegs überraschend, „daß spätestens bei der unumgänglichen Gerinnung von Forschung in Geschichtsschreibung, spätestens beim Auftreten auswählender, ordnender und erklärender Aussagen, d. i. bei der Aufladung der vermeintlichen Fakten mit Bedeutung, sich ein fiktionaler Wesenszug der Geschichtswissenschaft enthüllt. Sie schafft Bilder und Muster in der sogenannten Zweiten Wirklichkeit (d. h. im Vorhandensein von Vorstellungen)."[67] Aufgrund der Erkenntnis, dass die originale historische Wirklichkeit uneinholbar vergangen ist, dass lediglich Versatzstücke überliefert wurden, anhand derer durch dezidierte Interessen perspektivisch ausgerichtete Rekonstruktionen vorgenommen wurden, spricht Rolf Schör-

---

[63] Leopold von Ranke: Geschichten der romanischen und germanischen Völker von 1494 bis 1514. In: Leopold von Ranke's Sämmtliche Werke. Bd. 33/34. 2. Aufl., Leipzig 1874, S. VII.
[64] Johann Martin Chladenius: Allgemeine Geschichtswissenschaft. Neudruck der Ausgabe Leipzig 1792. Mit einer Einleitung von Christoph Friederich und einem Vorwort von Reinhart Koselleck. Wien/Köln/Graz 1985, S. 93-94.
[65] Jean-Jeacques Rousseau: Emile oder Über die Erziehung. Hrsg., eingel. und mit Anm. versehen von Martin Rank. Stuttgart 1965, S. 491-492.
[66] Johann Gustav Droysen: Rekonstruktion der ersten vollständigen Fassung der Vorlesungen (1857). In: Johann Gustav Droysen: Historik. Textausgabe von Peter Ley. Stuttgart-Bad Cannstatt 1977, S. 1-393; hier S. 236.
[67] Georg Veit: Von der Imagination zur Irritation. Eine didaktische Neubewertung des Fiktiven im Geschichtsunterricht. In: Geschichte lernen 52 [1996], S. 9-12; hier S. 9.

ken von der „Gleichwertigkeit" literarischer Verarbeitungen und historiographischer Darstellungen, „denen [...] ein eigenes Recht bei den Bemühungen um die Vergegenwärtigung des Vergangenen [...] [zugebilligt werden muss]. Es sind Annäherungsweisen an das, was uns nicht mehr direkt zugänglich ist, Bemühungen, die Aporien der Zeit zu überwinden."[68] Georg Veit schlägt daher vor, im Falle der Historiographie von „außengeleiteten Fiktionen" zu sprechen, während er für die historische Belletristik den Begriff der „innengeleiteten Fiktionen" anbietet, die als geistige Konstrukte aus autonomer kreativer Intention definiert werden.[69]

Eben diese Autonomie der Kunst, mit Hilfe derer geschichtliche Themen gestaltet werden, kennzeichnet auch den historischen Roman.

> Der Geschichtsroman erzählt von politischen Handlungen der Vergangenheit, die mehr oder minder mit privaten Handlungen einer erfundenen Geschichte verknüpft sind. [...] Geschichte wird dadurch zum ‚Integral' unterschiedlicher Werte; sie gewinnt ihre konkrete Position im Koordinatenraum von Historischem, Ahistorischem und Fiktivem.[70]

Dieser Aspekt fiktional inspirierter Deutung prädestinierte die Historienliteratur im 19. Jahrhundert in besonderer Weise auch für die Verbreitung mythifizierender Geschichtsdeutungen. Besonders dem historischen Roman wurde die Vermittlung von Vergangenheit und Gegenwart abverlangt; Novalis befrachtete ihn gar mit der Aufgabe, eine „Mythologie der Geschichte"[71] zu transportieren. So nimmt der historische Roman im 19. Jahrhundert „den Vorteil wahr, eine vergangene und vom Ende her überschaubare Geschichte zu erzählen, doch nützen seine Autoren die Konvention, daß ihre Geschichte eben nur ein Roman sei, weit unbekümmerter dazu, die Verhältnisse ihrer eigenen Gegenwart in den erzählten Begebenheiten beziehungsreich oder auch kontrastiv zu spiegeln".[72] Es ging eben gerade nicht um eine annähernd „exakte" Darstellung faktischer Vergangenheit, sondern um „die Reflexion der Gegenwart in geschichtlicher

---

[68] Rolf Schörken: Historische Imagination und Geschichtsdidaktik. Paderborn, München, Wien, Zürich 1994, S. 20.
[69] Vgl. Veit, Imagination [wie Anm. 67], S. 9.
[70] Hugo Aust: Der historische Roman. Stuttgart, Weimar 1994, S. 31.
[71] Novalis: Aufzeichnung 607 (Sommer/Herbst 1800). In: Novalis: Schriften. Die Werke Friedrich von Hardenbergs. Hrsg. v. Paul Kluckhohn und Richard Samuel. Bd. 3: Das philosophische Werk II. Hrsg. v. Richard Samuel in Zusammenarb. mit Hans-Joachim Mähl und Gerhard Schulz. Stuttgart ²1988, S. 667-669; hier S. 668.
[72] Eberhard Lämmert: Geschichten von der Geschichte. Geschichtsschreibung und Geschichtsdarstellung im Roman. In: Poetica 17 (1985), S. 228-254; hier S. 234.

Tönung".[73] Die Nutzung von Geschichte als politische Chiffre erklärt – zumindest zum Teil – die „evozierende Dialektik von Aktualisierung des Vergangenen und Historisierung des Gegenwärtigen".[74] Der historische Roman als Resultat der „Wechselwirkung zwischen Geschichtswissenschaft und epischer Kunst"[75] ist gekennzeichnet durch „einheitliche und vereinfachende Perspektiven [...] [, um seinem] Geschichtsbild mit dieser elementaren Reduktion zugleich die Zukunftssicherung zurück[zu]gewinnen [...]. Das war nicht ohne Pathos möglich und ging einher mit einer mythisch [...] stilisierten Auffassung von Geschichte."[76]

Der historische Roman des 19. Jahrhunderts wird damit zur Quelle vergangener Geschichtskultur. Er eignete sich als Kolporteur historisch-politischer „Mythen der Vereinigung nach innen und der Abgrenzung nach außen"[77] und bestätigte nicht selten dominante Ideologeme seiner Hauptzielgruppe, der Leserschaft aus dem Bürgertum. Der historische Roman ist damit auch eine wichtige Quelle der Zeitgeistforschung, die sich bemüht, verbreitete geschichtsbezogene Deutungen – hier des 19. Jahrhunderts –, motiviert aus Gegenwartserfahrungen und relevant für Zukunftsentwürfe, zu erforschen. Dies soll im Folgenden – sehr selektiv – anhand dreier, in verschiedenen mitteleuropäischen Ländern sehr verbreiteter historischer Romane, die dem auch bei Hayden White zentralisierten Realismus des 19. und des beginnenden 20. Jahrhunderts verpflichtet sind, gezeigt werden.

3. Historische Romane des Realismus

Die drei ausgewählten Romane, Gustav Freytags *Soll und Haben* (1855), Alois Jiráseks *Chodische Freiheitskämpfer/Die Hundsköpfe* (*Psohlavci*, 1884)[78] und Henryk Sienkiewiczs *Die Kreuzritter* (*Krzyżacy*, 1900), haben

---

[73] Aust, Roman (wie Anm. 70), S. 33.
[74] Ebd., S. 17.
[75] Ebd., S. 29.
[76] Lämmert, Geschichten [wie Anm. 72], S. 245.
[77] Etienne François, Hagen Schulze: Das emotionale Fundament der Nationen. In: Mythen der Nationen. Ein europäisches Panorama. Hrsg. v. Monika Flacke. München, Berlin 1998, S. 17-32, hier S. 18.
[78] „Psohlavci" bedeutet im Deutschen „Hundsköpfe" in Anspielung auf das Wappen der Choden. Entsprechend existiert eine deutsche Übersetzung des Romans unter dem Titel „Die Hundsköpfe" (Berlin 1985) aus DDR-Zeiten. Für diesen Beitrag hingegen wurde die von Alois Jirásek autorisierte Übersetzung von B. Lepar, die in Prag 1904 unter dem Titel „Chodische Freiheitskämpfer" erschien, benutzt.

vieles gemeinsam. Sie sind stark beeinflusst durch Ereignisse im Kontext des *nation building*, in dem die Nation als – wie Renan etwa zeitgleich (1882) festgestellt hat – „geistiges Prinzip"[79] ganz maßgeblich durch die Erinnerung an glorifizierte Ereignisse gemeinsamer Vergangenheit, durch die Orientierung in der Gegenwart und Entwürfe für die Zukunft ermöglicht werden sollten, konstruiert wurde. In Abgrenzung zu den historischen Entwicklungen benachbarter Länder und Nationen konnte die Mythifizierung der jeweils eigenen Vergangenheit besonders wirksam hervorgehoben werden, während die Leistungen der anderen unter Nutzung negativer Stereotype herabgewürdigt wurden. Die drei untersuchten Romane greifen nicht nur verbreitete Ideologeme ihrer Entstehungszeit auf, sondern sind – auch durch den außergewöhnlichen Erfolg, der in den Herkunftsländern ihrer Verfasser verzeichnet wurde – als maßgebliche Beiträge der Verbreitung zentraler Nationalmythen in Deutschland, Böhmen bzw. Tschechien und Polen zu bewerten. In enger Anlehnung an die dominanten historiographischen Tendenzen ihrer Entstehungszeit reflektieren sie vorherrschende Ansichten und verstärken bereits vorhandene kanonisierte Deutungen mit der durch fiktionale Ausgestaltung des historischen Gerüsts erreichten Intensivierung geschichtsbezogener Wahrnehmungsmuster und Emotionen. Alle drei Romane reagieren mit ihren historischen Sujets auf vorangegangene gesellschaftliche Entwicklungen von erheblicher nationaler Bedeutung; in allen drei Fällen handelt es sich dabei um gescheiterte Emanzipationsversuche, zu denen sich die Autoren durch Gestaltung eines historischen Themas ins Verhältnis zu setzen versuchten. Allen drei Autoren geht es nach dem Scheitern der nationalen Anliegen darum, unter Verweis auf herausgehobene historische Zusammenhänge ihre jeweilige Nation (z. T. in fragmentarischem Verständnis) zu motivieren, ihren Weg zur Realisierung der vorläufig gescheiterten Ideale evolutionär fortzusetzen. Geschichte wird auf diese Weise zum Mittel der Veranschaulichung und Verfolgung aktueller politischer Zielsetzungen. Dabei gewinnen alle drei Romane ihre Effizienz ganz maßgeblich aus Kontrastierungen, in denen die auch für die Historiographie derselben Zeit beobachtbare Fundierung übersteigerter Selbstbilder durch adversative Feindbilder[80] geleistet wird.

---

[79] Ernest Renan: Was ist eine Nation? In: Was ist eine Nation? Und andere politische Schriften. Mit einem einleitenden Essay von Walter Euchner und einem Nachwort von Silvio Lanoro. Wien, Bozen 1995, S. 41-58; hier S. 56.

[80] Vgl. Wolfgang Jacobmeyer: Die deutsch-polnischen Schulbuchempfehlungen. Bedeutung und Perspektiven. In: Mare Balticum 1997, S. 92-97; hier S. 92.

Gustav Freytag hatte bereits im Vorfeld der Revolution von 1848 Skepsis gegenüber radikaldemokratischen Forderungen bekundet,[81] die nach dem Scheitern des Paulskirchenparlaments in eine deutliche Ablehnung gewaltsamer Umsturzversuche[82] und ein engagiertes Plädoyer für eine evolutionäre Veränderung der Gesellschaft einmündete,[83] deren Träger für ihn nur das Bürgertum sein konnte,[84] dessen Werte er mit denen der Nation gleichsetzte.[85] Von entscheidender Bedeutung ist dabei für Freytag die Zweifrontenstellung des Bürgertums zwischen privilegiertem Adel und klassenkämpferischem Proletariat. Diese Überzeugung brachte Freytag ein in die Programmatik der *Grenzboten*, der um die Mitte des 19. Jahrhunderts in Deutschland „tonangebenden literaturkritischen Zeitschrift",[86] die er zusammen mit Julian Schmidt herausgab.

Der Roman „Soll und Haben" (1855) ist als literarische Realisierung dieser *Grenzboten*-Programmatik verstanden worden.[87] Mit Hilfe einer „epischen Kontrasttechnik"[88] stilisiert Freytag die positiven Eigenschaften des deutschen Bürgertums zu Tugenden der Nation in Abgrenzung zum Privilegienadel, zu Juden sowie zu Polen und – eher am Rande – zu Amerikanern.

Diese Strategie kann hier nur an einem Beispiel erhellt werden. In seiner Schilderung der Gegebenheiten und Zustände in Polen (bezogen auf das durch Aufstände erschütterte Großherzogtum Posen um 1848) bedient Freytag nahezu jede Variante des Stereotyps „Polnische Wirtschaft", die Hubert Orłowski in seiner Monographie herausgearbeitet hat.[89] Erklärt

---

[81] Vgl. Claus Holz: Flucht aus der Wirklichkeit. „Die Ahnen" von Gustav Freytag. Untersuchungen zum realistischen historischen Roman der Gründerzeit. 1872-1880. Frankfurt a. M., Bern 1983, S. 29.

[82] Vgl. Renate Herrmann: Gustav Freytag. Bürgerliches Selbstverständnis und preußisch-deutsches Nationalbewußtsein. Ein Beitrag zur Geschichte des national-liberalen Bürgertums der Reichsgründungszeit. Würzburg 1974, S. 299.

[83] Vgl. ebd., S. 303.

[84] Vgl. Claus Richter: Leiden an der Gesellschaft. Vom politischen Liberalismus zum poetischen Realismus. Kronberg/Ts. 1978, S. 212.

[85] Vgl. Peter Heinz Hubrich: Gustav Freytags „Deutsche Ideologie" in Soll und Haben. Kronberg/Ts. 1974, S. 5, 7, 74.

[86] Hartmut Steinecke: Gustav Freytag: Soll und Haben. Weltbild und Wirkung eines deutschen Bestsellers. In: Romane und Erzählungen des Bürgerlichen Realismus. Hrsg. v. Horst Denkler. Stuttgart 1980, S. 138-152; hier S. 144.

[87] Vgl. Holz, Flucht [wie Anm. 81], S. 33.

[88] Richter, Leiden [wie Anm. 84], S. 216-217

[89] Ein Abgleich des in der Monographie Hubert Orłowski: „Polnische Wirtschaft". Zum deutschen Polendiskurs der Neuzeit. Wiesbaden 1996 entfalteten stereotypen Assozia-

werden die geschilderten miserablen Zustände, die politische Anarchie und Rebellion in Polen durch den von Freytag zum Apologeten des deutschen Bürgertums stilisierten Kaufmann T. O. Schröter mit dem Fehlen einer bürgerlichen Schicht, die die Absenz jeglicher Kultur in Polen begründe:

> Dort drüben erheben die Privilegierten den Anspruch, ein Volk darzustellen. Als wenn Edelleute und leibeigene Bauern einen Staat bilden könnten! […]." „Sie haben keinen Bürgerstand", sagte Anton eifrig beistimmend. „Das heißt, sie habe keine Kultur", fuhr der Kaufmann fort […].[90]

Dieses für das kolportierte Polenbild zentrale Zitat deutet nicht nur (hier ex negativo) auf das Bürgertum als fortschritts- und staatstragendes Substrat der deutschen Nation, sondern schließt durch die verächtliche Beurteilung der polnischen Adelsnation auch an die im 19. Jahrhundert in Deutschland weit verbreitete Selbstverschuldungsthese bezüglich des Untergangs der polnischen Staatlichkeit in den Teilungen des 18. Jahrhunderts an.[91] Noch deutlicher wird die Korrespondenz der den Polen unterstellten Unreinlichkeit, Unordnung und Primitivität mit der Behauptung politischer Unfähigkeit und anarchischer Zustände durch ein weiteres Zitat:

> Das heruntergekommene Zimmer in der trüben Beleuchtung machte auf Anton keinen ermunternden Eindruck, und leise sagte er zu dem Kaufmann: „Wenn Revolution so aussieht, sieht sie häßlich genug aus." „Sie verwüstet immer und schafft selten Neues. […] Der Adel und der Pöbel sind jeder einzeln schlimm genug, wenn sie für sich Politik treiben; so oft sie sich aber miteinander vereinigen, zerstören sie sicher das Haus, in dem sie zusammenkommen."[92]

Den Gegenpol zur polnischen Misswirtschaft bildet das deutsche Bürgertum. Und so wird denn auch der im Bürgertum assimilierte Karl Sturm als Pionier der preußisch-deutschen Mission im mitteleuropäischen Raum ausgewiesen: „Du wirst mit der Pflugschar in der Hand hier [d. h. in Polen] ein deutscher Soldat sein, der den Grenzstein unserer Sprache und Sitte weiter hinausrückt gegen unsere Feinde."[93]

---

tionsreservoirs mit jenen Passagen, die sich im Roman Gustav Freytag: Soll und Haben. 2 Bde. Berlin o. J. [1855] auf Polen beziehen (d. h. vor allem das dritte Buch des ersten Romanteils und der zweite Band) lässt dies unschwer erkennen. Vgl. dazu auch die in Kürze erscheinende Studie Eugen Kotte: Historienliteratur als nationale Mythographie. In Nordost-Archiv 16 [2007] (Seitenzahlen stehen noch nicht fest).

[90] Gustav Freytag: Soll und Haben. Band 1. Berlin o. J. [1855], S. 285.
[91] Vgl. Orłowski, „Polnische Wirtschaft" [wie Anm. 89], S. 250-261.
[92] Gustav Freytag: Soll und Haben. Band 1 [wie Anm. 90], S. 300.
[93] Gustav Freytag: Soll und Haben. Band 2. Berlin o. J. [1855], S. 227.

Es dürfte deutlich geworden sein, dass Freytag sich bei seinem Unterfangen, Stimmungen, Hoffnungen und Aspirationen des nationalliberalen Bürgertums der 1850er Jahre in Deutschland darzustellen, verschiedener Ideologeme bedient.[94] Im Mittelpunkt steht die für das liberale Denken dieser Zeit zentrale Auffassung, dass das Individuum durch Fleiß und Tüchtigkeit in der Lage sei, sich gesellschaftlichen Aufstieg zu erarbeiten.[95] Freytags Variation dieses Basisideologems besteht in dessen Nationalisierung als deutsche Eigenart. Zu diesem Zwecke wird die Kontrastierung zu den Polen genutzt, diesen gleichzeitig die Verantwortung für den Untergang ihrer Staatlichkeit angelastet und die Berufung Preußen-Deutschlands (für das Freytag eintrat[96]), zur Führungsaufgabe im mitteleuropäischen Raum legitimiert.

Der fast dreißig Jahre später in Prag erschienene Roman *Chodische Freiheitskämpfer/Die Hundsköpfe* (1884) des tschechischen Romanciers Alois Jirásek steht im Kontext des auch die realistische Literatur erfassenden Aufschwungs der nationalen tschechischen Kultur durch die Entfaltung der Presse, des Schulwesens und der Wissenschaft. „Das erstarkende tschechische Bürgertum hoffte, mit der Zeit durch seine finanzielle und wirtschaftliche Stärke eine führende Stellung im Habsburger Vielvölkerstaat einzunehmen und damit entscheidenden politischen Einfluss zu erlangen."[97] Diese Hoffnungen ließen sich zunächst noch mit nach 1848 populären austroslawischen Überlegungen vereinbaren, die ein maßgeblich kulturell begründetes, aber politisch definiertes Tschechentum mit dem Schicksal einer föderalistisch organisierten Donaumonarchie verbanden.[98] Nach dem ungarisch-österreichischen Ausgleich von 1867 waren hingegen diese Hoffnungen auf eine Autonomie der böhmischen Länder innerhalb der Habsburger Monarchie gescheitert. Der nationale Gesichtspunkt wurde in Wissenschaft, Politik und Kunst unter Rückgriff auf die eigene Geschichte

---

[94] Vgl. Hubrich, „Deutsche Ideologie" [wie Anm. 85], S. 55.
[95] Vgl., ebd., S. 143.
[96] Vgl. Izabela Surynt: Unterstellter Regionalismus. Gustav Freytag und Oberschlesien. In: Regionalität als Kategorie der Sprach-und Literaturwissenschaft. Hrsg. vom Instytut Filologii Germańskiej der Uniwersytet Opolski. Frankfurt/M. u.a. 2002, S. 473-487; hier S. 486.
[97] Antonín Měšťan: Geschichte der tschechischen Literatur im 19. und 20. Jahrhundert. Köln, Wien 1984, S. 138.
[98] Vgl. Michal Lobkowicz: Prag zwischen Ost und West? In: Deutsche und Tschechen. Geschichte – Kultur – Politik. Hrsg. v. Walter Koschmal, Marek Nekula und Joachim Rogall. München 2001, S. 489-496; hier S. 491.

nun wieder stärker betont.[99] Die tschechische Nationalgeschichtsschreibung sah in der Schlacht am Weißen Berg (1620), die noch im 19. Jahrhundert von vielen Tschechen in traumatischer Weise erinnert wurde,[100] das Präludium zum Untergang der böhmischen Staatlichkeit, zur Jahrhunderte langen Unterdrückung sowie zum Niedergang der böhmischen Nation[101] und teilte die tschechische Geschichte in eine ruhmreiche Phase vor diesem Ereignis und eine finstere Zeit danach.[102] In dieser Deutung ist es völlig unerheblich, dass es sich bei dem politisch-militärischen Konflikt zwischen den böhmischen Ständen und der Habsburger-Dynastie nicht um „eine national-ethnische Auseinandersetzung zwischen Deutschen und Tschechen"[103] handelte und auch die staatsrechtliche Autonomie der Böhmischen Krone 1620 keineswegs beendet wurde.[104] Nach dem Scheitern der tschechischen Autonomiebestrebungen 1867 wurde die Schlacht als Symbol der nationalen Tragödie den Tschechen immer wieder vor Augen gehalten, um ihre „Wiedergutmachung" als Triebkraft im Kampf um die Autonomie zu nutzen.

Mit seinem Roman *Chodische Freiheitskämpfer/Die Hundsköpfe* beteiligte sich Alois Jirásek an dieser geschichtsbezogenen Strategie. Bereits zu Beginn des Romans weist Jirásek darauf hin, dass er den Kampf der Choden, eines kleinen, im Böhmerwald an der bayerischen Grenze sesshaften Volkes, um ihre angestammten Privilegien als literarische Chiffre für die Souveränitätsbestrebungen der tschechischen Böhmen verstanden wissen will:

> Damals ertönten das letzte Mal durch den tiefen Böhmerwald die Wachrufe der Chodenposten, damals wehte das letzte Mal über den Häuptern der böhmischen Grenzer die schwarzeingesäumte mit einem Hundskopfe verzierte weiße Fahne. Dann kam die

---

[99] Vgl. Wilhelm Lettenbauer: Die neuere tschechische Literatur auf dem Hintergrund der älteren und im Zusammenhang mit westeuropäischen Literaturen. In: Měšťan, Geschichte [wie Anm. 97], S. 1-37; hier S. 26-27.

[100] Vgl. Friedrich Prinz: Deutsche und Tschechen zwischen Kultursymbiose und Nationalitätenkonflikt. In: Tschechien, der ferne Nachbar. Politik, Wirtschaft und Kultur seit 1989. Hrsg. v. Jürgen Herda und Adolf Trägler. Regensburg 1999, S. 11-29; hier S. 16.

[101] Vgl. Vít Vlnas, Zdeněk Hojda: Tschechien – „Gönnt einem jeden die Wahrheit". In: Mythen der Nationen [wie Anm. 77], S. 502-527; hier S. 521.

[102] Vgl. Joachim Bahlcke: Land und Dynastie: Böhmen, Habsburg und das *Temno*. In: Deutsche und Tschechen [wie Anm. 98], S. 57-65, hier S. 64.

[103] Ebd.

[104] Vgl. Vlnas / Hojda, Tschechien [wie Anm. 101], S. 523.

Schlacht auf Weißen Berge. Die Hochflut des allgemeinen Elends ergoß sich mit einer unersättlichen Welle auch in die Bergstille des freien Chodenlandes.[105] Die Parallelen, die Jirásek entsprechend in seiner Erzählung vom chodischen Freiheitskampf Ende des 17. Jahrhunderts anlegt, sind augenfällig. Die Argumentation der Choden basiert auf in Majestätsbriefen immer wieder bestätigten Freiheiten und Privilegien, so wie auch die böhmischen Stände vor ihrer Erhebung ihre verbrieften Rechte (z. B. der Königswahl) hatten wahrnehmen wollen. So wie die tschechischen Böhmen nach der Schlacht am Weißen Berg durch Strafgericht (1621) und *Verneuerte Landordnung* (1627/28) Hinrichtungen, Vertreibungen, Zwangskonversionen, Enteignungen und der Stabilisierung der österreichischen Herrschaft im Königreich Böhmen ausgesetzt waren, werden die Choden nach ihrem Aufstand entrechtet und unterdrückt, während ihre Anführer in der Haft versterben oder hingerichtet werden. In besonderer Weise ist der Besitzer des Chodenlandes, Maximilian Lamminger, dessen Familie das Gebiet nach der Schlacht am Weißen Berg erworben hatte, als Parallelfigur des nach 1620 zum österreichischen Beauftragten in Böhmen avancierten Karl von Lichtenstein konzipiert. So wie letzterer für die „Prager Execution" (1621), bei der 27 Anführer der böhmischen Ständerebellion enthauptet wurden, verantwortlich war, trägt Lamminger die Schuld für die Hinrichtung des Chodenführers Kozina. Und so wie Karl von Lichtenstein Frauen und Kinder der inhaftierten böhmischen Adligen zurückwies, negiert auch Lamminger die Bitten der Frau Jan Kozinas, die ihn im Beisein ihrer Kinder um Gnade anfleht. Parallelisierung und Verflechtung sind die Mittel, mit denen Jirásek das Schicksal des tschechischen Volkes im von ihm erzählten Chodenaufstand spiegelt; die Bestrafung der Choden erscheint – wie die harten Strafmaßnahmen nach der Niederschlagung der Ständerebellion – als rechtloser, identitätsraubender Akt. Der historische Gegenstand des Romans und der in der Erzählung verborgene Kommentar zur als Ursache der gegenwärtigen Situation interpretierten Zeit nach der Schlacht am Weißen Berg werden von Jirásek in den Worten des alten Erbrichters Hrubý, als jener den Hradčany betritt, zusammengeführt: „Hier waren unsere Herren – unsere Könige, und niemand anderer hatte uns zu befehlen. Dies war unsere einzige Obrigkeit."[106] Doch Jirásek geht noch einen Schritt weiter. Die Erinnerung an eine ruhmreiche Vergangenheit weist er in leidgeprägter Gegenwart als entscheidenden Impuls für ein emanzipatorisch zu nutzendes

---

[105] Alois Jirásek: Chodische Freiheitskämpfer. Prag 1904, S. 6.
[106] Ebd., S. 248.

Selbstwertgefühl aus und vollendet damit die Parallele zwischen den Choden im späten 17. und den tschechischen Böhmen im späten 19. Jahrhundert: „Jetzt trat in der Tat ein perpetuum silentium ein. Traurig war es im Chodengau, aber immerhin fühlte man sich hier jetzt freier [...]. Vom alten Chodenruhm blieb nur der Schimmer alter Erinnerungen, der den wackeren Chodenstamm aufrecht erhielt, als das Volk ringsherum überall in der Leibeigenschaft und der Finsternis der Sklaverei verschmachtete."[107] Finsternis, tschechisch „temno", ist dann auch der Begriff, der gut zwanzig Jahre später zum Titel eines weiteren Jirásek-Romans avanciert und von der tschechischen Nationalgeschichtsschreibung für die beiden Jahrhunderte nach der Schlacht am Weißen Berg als Terminus aufgegriffen wird.[108]

Henryk Sienkiewiczs Roman *Die Kreuzritter* (1900) erschien zu einem Zeitpunkt, als die nach die nach dem gescheiterten Januaraufstand (1863/1864) im preußischen Teilungsgebiet eingeleiteten massiven Germanisierungsmaßnahmen ihren Höhepunkt bereits überschritten hatten.[109] Nach dem Verbot des Unterrichts in polnischer Geschichte und polnischer Sprache, wurde die Vermittlung der historischen Vergangenheit Polens vor allem über die Historienliteratur und die Historienmalerei betrieben.[110] Die Hauptzielsetzung des Romans bestand in der Suggerierung einer historischen Verbindung zwischen dem Deutschen Orden, Preußen und dem Deutschen Reich. Die in epischer Breite im letzten Teil des Romans geschilderte Schlacht von Grunwald (1410), in der der polnische König Władylaw III. Jagiełło den Deutschen Orden, dessen Hochmeister Ulrich von Jungingen mit den meisten Ritterbrüdern fiel, entscheidend besiegte, „bedeutete bei der zeitbedingten Identifizierung des Ordens mit dem Deutschen Reich für das Nationalbewußtsein der Polen eine willkommene Stärkung."[111] Sienkiewicz griff mit dieser Konstruktion auf eine in Polen bereits etablierte Vorurteilslinie zurück, die als Reaktion auf die Kontinuitätspropaganda der borussischen Historiographie zu verstehen ist.[112]

---

[107] Ebd., S. 430.
[108] Vgl. Bahlke, Land [wie Anm. 102], S. 57.
[109] Vgl. Jörg K. Hoensch: Geschichte Polens. 2. neubearb. und erw. Aufl., Stuttgart 1990, S. 218.
[110] Vgl. Witold Molik: Polen – „Noch ist Polen nicht verloren". In: Mythen der Nationen [wie Anm. 77], S. 295-320; hier S. 296f.
[111] Dieter Langer: Grundzüge der polnischen Literaturgeschichte. Darmstadt 1975, S. 103.
[112] Vgl. Eugen Kotte: Mythen und Stereotype im deutsch-polnischen Kontext. In: Regionalität als Kategorie der Sprach- und Literaturwissenschaft [wie Anm. 96], S. 281-318; hier S. 291-292.

Die Vertreter des Deutschen Ordens, der mithin nicht nur den historischen Feind, sondern auch den aktuellen Besatzer repräsentiert, werden im Roman durch ein Bündel äußerst verwerflicher Eigenschaften charakterisiert. Dabei fällt es auf, dass die maßgeblich im psychologischen Bereich angesiedelten negativen Charakteristika fast ausnahmslos an fiktionalen Figuren in erfundenen Handlungsfragmenten expliziert werden. Im Mittelpunkt des Romans steht daher zunächst auch nicht der historische Konflikt, sondern ein in ihm angesiedeltes fiktives Verbrechen, aus dem heraus die gesamte Handlung motiviert wird. Durch Verknüpfung dieser fiktionalen Handlungsmotivation mit Ereignissen von historisch-politischer Tragweite gelingt es Sienkiewicz, immer deutlichere Hinweise auf den historischen Handlungsrahmen einzuflechten, bis schließlich die Schlacht bei Grunwald als Strafgericht in der Qualität schicksalhafter Vergeltung auch für die in fiktionalen Zusammenhängen besonders verdeutlichten Verfehlungen der Ordensritter konzipiert werden kann: „Die Schlacht verwandelte sich in ein Gemetzel, und die Niederlage des Ordens war so vollständig, wie die Weltgeschichte nur wenige aufzuweisen hat."[113] Am historischen Beispiel der Schlacht entwickelt Sienkiewicz seine – wie der polnische Literarhistoriker Giergielewicz es ausdrückt – Vision der Vergangenheit,[114] seine Historiodizee[115] als nachträgliche, den Erfordernissen der Gegenwart dienende Sinngebung der Geschichte: „Der König hatte nicht nur den Kreuzritterorden bezwungen, sondern auch […] jene teutonische Vorhut, die immer tiefer in die slawischen Länder eingedrungen war."[116] Wie dieses Zitat mit der Anspielung auf das Stereotyp des „Deutschen Drangs nach Osten" verdeutlicht, sind die Hinweise, dass Sienkiewicz seine Gestaltung des historischen Konflikts auf die aktuelle Situation der preußisch-deutschen Besatzung bezogen wissen möchte, unübersehbar. Die historische Analogie, durch die nicht nur die Überwindbarkeit der Deutschen veranschaulicht, sondern auch an die Formationsphase der polnisch-litauischen Großmacht mit der Aufforderung zu ihrer Wiederherstellung erinnert wird, konnte den polnischen Rezipienten des Romans nicht verborgen bleiben.

---

[113] Henry Sienkiewicz: Die Kreuzritter. 3. Auflage, Berlin 1991, S. 411.
[114] Bei Mieczyław Giergielewicz: Henryk Sienkiewicz. New York 1968, S. 149 heißt es „vision of the past".
[115] Der Begriff geht auf Benno von Wiese: Friedrich Schiller. Stuttgart ³1963, S. 373, zurück.
[116] Sienkiewicz, Kreuzritter [wie Anm. 113], S. 416.

4. Fazit

Geschichtskultur ist als Manifestation gesellschaftlichen Geschichtsbewusstseins zu begreifen, in der Erinnerungsleistungen anhand von Objektivationen, die Deutungsmuster und Legitimationsfiguren beinhalten, kollektiviert werden. Sie unterliegt in der Regel der Inszenierung narrativ rekonstruierter Vergangenheit, die auch fiktionale Elemente beinhaltet. Die Koinzidenz der Vertiefung des Begriffs „Geschichtskultur" zu einem Forschungskonzept mit dem *cultural turn* innerhalb der Geisteswissenschaften ist kaum zufällig; die Diskussion um die Thesen des amerikanischen Geschichtstheoretikers Hayden White führte auch in Deutschland zu einer erneuten Thematisierung des Verhältnisses von Geschichte und Fiktion. Dabei wurde die Historienliteratur von der Geschichtswissenschaft einschließlich der Geschichtsdidaktik als wichtige Quelle der Zeitgeistforschung sowie als Medium der Geschichtsvermittlung „wiederentdeckt". Die anhand von Rüsens geschichtskulturellen Dimensionen hier verkürzt vorgenommene Analyse dreier mitteleuropäischer realistischer Romane aus der zweiten Hälfte des 19. Jahrhunderts verdeutlicht die in ästhetischer Formung beinhalteten politisch-ideologischen Stellungnahmen; überdies kommt den Romanen, die – nicht zuletzt aufgrund ihres hohen Verbreitungsgrades – auch die kognitive Dimension erfüllen, eine – zumindest im Hinblick auf das Bürgertum – erhebliche mediale Funktion zu. Historienliteratur ist somit ein wichtiger Bestandteil vergangener Geschichtskultur(en), die es innerhalb des erörterten Forschungskonzepts stärker zu berücksichtigen gilt.

Frank M. Schuster

Klio verwirrt: zwischen Kulturschock, Konfabulation, Amnesie und Hysterie. Überlegungen zu Kultur, Erinnerung, Geschichte und Literatur

Die Muse der Historiographie ernstlich erkrankt? – Eine Diagnose

PRESSE, Funk, Fernsehen und Internet halten uns ständig über das Leben, Leiden und Treiben der Reichen und Schönen, der Bekannten und Mächtigen auf dem Laufenden. Während die Boulevardpresse uns umgehend über die Gesundheits- oder Beziehungsprobleme und Familienverhältnisse der Adelshäuser, Millionärskinder und Leinwandgötter informiert, taucht in den historisch-kulturwissenschaftlichen Publikationen dergleichen eher selten auf.

In den letzten Jahren wird man jedoch einen Eindruck nicht los, auch wenn man einen Blick in die Fachjournale wirft: Die Musen haben ihren Hausberg Helikon und ihr Tal verlassen und treiben sich in den Stechpalmenheinen der Hollywoodhills, Happenings oder auf Stadionkonzerten herum. Die Olympier haben dem Götterhimmel den Rücken gekehrt, sind in Rente oder leben im Exil.[1] Kurz – die Geisteswissenschaften scheinen von allen Göttern verlassen. Klio – die Muse der Historiographie – scheint sogar ernstlich psychisch erkrankt: Schon vor mehr als 30 Jahren machte der Geschichtstheoretiker und Literaturwissenschaftler Hayden White 1973 deutlich: *Auch Klio dichtet!* Er vollzog damit eine schlagzeilenträchtige Kehrtwendung in den Geschichtswissenschaften, die als „linguistic turn"

---

[1] Vgl. zu den Musen: Raoul Schrott: Die Musen. München 2000. Dieser Studie verdanke ich etliche Anregungen, wie auch Heinrich Heines: Die Götter im Exil. In: Ders.: Historisch-kritische Gesamtausgabe der Werke. Hrsg. v. Manfred Windfuhr. Bd. 9. Hamburg 1987 (=Düsseldorfer Heine-Ausgabe), S. 123-145, 294-296 und Sten Nadolni: Der Gott der Frechheit. München 1994.

bekannt wurde.² Auch wenn es sich dabei nicht um eine wirklich neue, sondern eher um eine lange Zeit vergessene Erkenntnis handelte, löste die tektonische Wahrnehmungsverschiebung ein solches Erdbeben aus, dass dessen Nachbeben bis heute zu spüren sind und für Erschütterungen und Schlagzeilen in der Fachpresse sorgen. Und die Kulturhistorikerin Ute Daniel kam vor 1997 in ihrer systematisierenden Darstellung des nun in der zunehmend kulturwissenschaftlich orientierten Geschichtswissenschaft herrschenden Methodenpluralismus zu dem Schluss, dass *Clio unter Kulturschock*³ stünde. Der bereits ein Jahrzehnt zuvor einsetzende „cultural turn" in den Geisteswissenschaften ging einher mit einer weiteren tief greifenden Veränderung. In seiner grundlegenden Studie *Das kulturelle Gedächtnis* vermutete Jan Assmann bereits 1992:

> Alles spricht dafür, daß sich um den Begriff der Erinnerung ein neues Paradigma der Kulturwissenschaften aufbaut, das die verschiedenen kulturellen Phänomene und Felder – Kunst und Literatur, Politik und Gesellschaft, Religion und Recht – in neuem Zusammenhängen sehen läßt.⁴

Diese Prognose scheint sich in einem Ausmaß bestätigt zu haben, dass Dan Diner inzwischen sogar von einem Paradigmenwechsel in den Geschichtswissenschaften von „Gesellschaft" zu „Gedächtnis" sprechen kann.⁵ Dieser „memory turn" hat Klio wahrscheinlich noch mehr verwirrt, als die bereits genannten, denn die bisherigen Erkenntnisse der Hirnforschung haben gezeigt, wie ‚unzuverlässig' das Gedächtnis und damit die Erinnerung sind. Damit sind aber – meinen etliche Hirnforscher und einige Historiker – die meisten historischen Quellen unbrauchbar, da sich die beschreibenden Texte auf Wahrnehmungen und Erinnerungen ihrer Verfasser und Verfasse-

---

[2] Vgl. Hayden White: Metahistorie. Die historische Einbildungskraft im 19. Jahrhundert in Europa. Frankfurt/M. 1994. Dieser Studie von 1973 folgte 1978 ein Aufsatzband zum selben Thema, deutsch unter dem zitierten Titel Hayden White: Auch Klio dichtet oder Die Fiktion des Faktischen. Studien zur Tropologie des historischen Diskurses. Aus dem Amerikanischen von Brigitte Brinkmann-Siepmann und Thomas Siepmann. Stuttgart 1986.

[3] Ute Daniel: Clio unter Kulturschock. Zu den aktuellen Debatten der Geschichtswissenschaft. In: Geschichte in Wissenschaft und Unterricht (GWU) 1997/4, S. 195-219 (Teil I) und GWU 1997/5-6, S. 259-278 (Teil II).

[4] Jan Assmann: Das kulturelle Gedächtnis. Schrift, Erinnerung und politische Identität in frühen Hochkulturen. München ³1999, S. 11.

[5] Dan Diner: Gedächtniszeiten. Über jüdische und andere Geschichten. München 2003, S. 6.

rinnen stützen.[6] In Frage gestellt ist dadurch zugleich der immer noch in der historischen Forschung implizit verbreitete, aus der Zeit des Positivismus im 19. Jahrhundert stammende Anspruch, in der Lage zu sein zu erfahren, „wie es eigentlich gewesen"[7] (Leopold von Ranke) ist. Bei Klio wird zunehmender Gedächtnisverlust diagnostiziert, bis hin zur Hysterie, die sich teils auch bei jenen breit macht, die auf Klios Dienste als Muse eigentlich angewiesen wären, bzw. sind. Die Osteuropahistorikerin Gertrud Pickhan konstatiert daher zurecht: „Clio, der Muse der Geschichtswissenschaft, müsse es allmählich schwindlig werden vor lauter ‚Turns' und methodischen Pirouetten", und man müsse sich kritisch nach dem „Einfluß des Zeitgeists in den Geschichtswissenschaften" fragen, doch liege „die Chance der vielen ‚Turns' vor allem in einem Methodenpluralismus [...], der enge Fachgrenzen zugunsten eines interdisziplinären Ansatzes aufbricht und damit endlich auch die Grenzen der nationalen Metahistorien hinter sich lassen kann."[8]

Die nationalen Metahistorien hinter sich zu lassen, ist aber nicht die einzige sich bietende Chance interdisziplinärer Ansätze, zumal zur Hysterie bei genauer Betrachtung kaum Anlass besteht. Während die Leserschaft der Fachjournale, um Klios Gesundheit bangend, gebannt der Berichterstattung folgt und dabei zunehmend vieles andere aus dem Blick verliert, bleibt nämlich – wie immer in solchen Fällen – unklar, wie es um diese tatsächlich bestellt ist. Vielleicht befindet sich Klio weder auf Kur noch auf der Flucht, sondern ist vielmehr dabei, sich wieder ihrer Familie anzunähern und in ihren Schoß zurückzukehren. Denn, obwohl die Berichterstattung über Familienkrisen und -geschichten von Prominenten – neudeutsch die so genannte *Home-Story* – zu den Kernthemen der Boulevardmedien gehört, sind Klios familiärer Hintergrund und ihre Herkunft ausgerechnet in Fachkreisen weitgehend vergessen worden.

Klio ist wie ihre Schwestern – und das sollte nicht übersehen werden – die Tochter der Mnemosyne, der Göttin der Erinnerung – eine jener Titanen, mit der die griechisch-europäische Mythologie ihren Anfang nahm. Sie

---

[6] Vgl. z.B. Johannes Fried: Der Schleier der Erinnerung. Grundzüge einer historischen Memorik. München 2004.
[7] Leopold von Ranke: Geschichten der romanischen und germanischen Völker von 1494 bis 1514. In: Leopold von Ranke's Sämmtliche Werke. Bd. 33/34. Leipzig ²1874, S. VII. Vgl. dazu auch den Beitrag von Eugen Kotte in diesem Band.
[8] Gertrud Pickhan: Nowe drogi w historiografii europejskiej / Neue Wege in der europäischen Geschichtswissenschaft. In: Secesja 6 (luty/Februar 2007), S. 128-31; hier S. 129 und 131.

ist aber nicht nur das zweitälteste Kind der Erinnerung, zugleich steht sie auch ihrer älteren Schwester Kalliope, der Muse der epischen Dichtung, Rhetorik, Philosophie und Wissenschaft sehr nahe, handelt es sich bei diesen beiden doch augenscheinlich um eineiige Zwillinge. Nicht nur im Aussehen – wie ein Blick in die Kunstgeschichte zeigt – zum Verwechseln ähnlich, sind ihnen mit Schreibgriffel, Schreibtafel, Papyrusrolle und gelegentlich einer Bücherkiste sogar dieselben Attribute zugeordnet. Kein Wunder also, dass Archäolog/inn/en und Kunsthistoriker/innen immer wieder vor Identifikationsproblemen standen und stehen. Schlimmer noch: Sollten auch die Historiker/innen selbst den Überblick verloren haben? Hätte nicht seit dem 19. Jahrhundert und der Etablierung der Historie als Wissenschaft mit dem Anspruch der Positivisten auf eine geradezu naturwissenschaftliche Objektivität Kalliope zur Muse der Geschichtswissenschaft werden müssen? Fühlen sich deswegen die Geisteswissenschaften so von allen Göttern verlassen? Wurde einfach jahrzehntelang die falsche Muse angerufen?[9] Wie aber passt das damit zusammen, dass Kalliope zudem noch die Muse der epischen Dichtung ist, sprich all jener, die Romane schreiben?

Ist es nicht an der Zeit, den Zusammenhang zwischen Erinnerung, Literatur und Geschichte näher zu beleuchten? Ergibt sich die herrschende Verunsicherung nicht auch dadurch, dass deren verwandtschaftliche Beziehungen und Familienähnlichkeiten ignoriert, übersehen oder nicht mehr durchblickt wurden?

Die Mutter-Tochter-Beziehung – Geschichte und Erinnerung

Mag das bisher Dargelegte auch reichlich salopp, unernst und zugespitzt erscheinen, so trifft es doch meiner Ansicht nach den Kern des Problems. Die von Anfang an umstrittene Frage nämlich, in welchem Verhältnis Gedächtnis und Geschichte zueinander stehen, ist in der Theorie des kollektiven Gedächtnisses – oder besser: den Theorien – nie ganz geklärt worden.

Die theoretischen Überlegungen zu Gedächtnis und Erinnerung gehen dabei auf die in den 1920er Jahren revolutionär neuen Feststellungen des

---

[9] Das würde nebenbei auch erklären, warum viele historische Werke so uninspiriert und schwer lesbar sind. Das aber wäre wiederum ein Thema für sich.

französischen Soziologen Maurice Halbwachs zurück.[10] Dieser konstatierte, das Gedächtnis des einzelnen Menschen entwickle sich nicht autonom, sondern sei durch Umfeld und Alltagserfahrungen, mithin sozial und kollektiv geprägt. Dabei teilt eine bestimmte Gruppe von Menschen vergleichbare Erfahrungen, Überlieferungen oder Traditionen, die es innerhalb dieses Kollektivs zu bewahren gilt. Dieses ‚soziale' bzw. ‚kollektive Gedächtnis', wie Halbwachs es nennt, ist dabei auf gruppenspezifische Kontinuitäten und damit – von der Gegenwart her – auf Sinnstiftung ausgerichtet. Sich darauf beziehend und damit Halbwachs' Wiederentdeckung initiierend,[11] setzte sich Yosef Hayim Yerushalmi 1982 in seinem „Versuch, die Stellung der Geschichtsschreibung in der jüdischen Geschichte selbst zu verstehen, speziell in Bezug auf das kollektive Gedächtnis"[12] vor allem mit dem Unterschied zwischen Geschichte und Gedächtnis auseinander. Dabei kommt er zu dem Schluss, Geschichte biete – insbesondere nach der Shoa – keine Antworten auf die Frage nach dem Sinn der jüdischen Existenz.[13] Deshalb spiele sie – laut Yerushalmi – kaum eine Rolle im kollektiven Bewusstsein und existiere nur neben der Tradition. Dagegen argumentierte Amos Funkenstein, es existiere ein jüdisches Geschichtsbewusstsein zwischen kollektivem Gedächtnis und Geschichte, denn das zentrale Thema der jüdischen Selbstreflexion sei gerade „die Begründung ihrer Einzigartigkeit *durch* das Verstehen von Geschichte."[14] Historiographie erwachse nicht nur

---

[10] Maurice Halbwachs: Das Gedächtnis und seine sozialen Bedingungen. Frank-furt/M. 1985; ders.: Das kollektive Gedächtnis. Frankfurt/M. 1985; ders.: Verkündigte Orte im Heiligen Land. Konstanz 2001.
[11] Vgl. exemplarisch: Maurice Halbwachs und das Paradigma des kollektiven Gedächtnisses. Theorie und Methode. Hrsg. v. Gerald Echterhoff und Martin Saar. Konstanz 2002.
[12] Vgl. Yosef Hayim Yerushalmi: Zachor: Erinnere Dich! Jüdische Geschichte und jüdisches Gedächtnis. Berlin ²1994; ders.: Ein Feld in Anatot. Versuche über jüdische Geschichte. Berlin 1993, besonders S. 11-20, 21-38 und 81-95. Yerushalmis zitierte Charakteristik seines Buches „Zachor" stammt aus seinem Artikel: Jüdische Historiographie und Postmodernismus: Eine abweichende Meinung. In: Jüdische Geschichtsschreibung heute. Themen, Positionen, Kontroversen. Ein Schloss Elmau-Symposion. Hrsg. von Michael Brenner und David N. Myers. München 2002, S. 75-94, 275-279, hier S. 76. Bei Yerushalmis Text handelt es sich um eine Replik auf: David N. Myers: Selbstreflektion im modernen Erinnerungsdiskurs. In: ebd., S. 55-74, 268-274.
[13] Vgl. insbes. Yerushalmi, Zachor [wie Anm. 12], S. 102.
[14] Vgl. Amos Funkenstein: Jüdische Geschichte und ihre Deutungen. Frankfurt/M. 1995, S. 33. Siehe zur Diskussion zwischen Funkenstein und Yerushalmi auch David N. Myers: Remembering Zakhor: A Super-Commentary. In: History & Memory 4 (Fall/Winter 1992), S. 129-146 und Funkensteins Antwort ebd., S. 147-148.

aus dem kollektiven Gedächtnis, es gehe auch in dieses ein und hinterlasse in ihm Spuren. Für ihn steht nicht die von Yerushalmi hervorgehobene Polarisierung im Vordergrund, sondern die in beide Richtungen verlaufende Interaktion, denn schließlich „verursacht die Reflexion über die Inhalte des kollektiven Gedächtnisses eine wachsende *Freiheit* seiner Aktualisierung."[15]

> Mit anderen Worten, je eher eine Kultur dem Darstellenden mit Blick auf die Inhalte, Symbole und Strukturen des kollektiven Gedächtnisses bewußte Veränderungen und Variationen gestattet, desto komplexer und weniger vorhersehbar wird die Geschichtsdarstellung. [...] Ich führe den Begriff des ‚Geschichtsbewußtseins' [...] ein, als ein [...] dynamisches heuristisches Konstrukt – als den Grad an schöpferischer Freiheit bei der Interpretation der Inhalte des kollektiven Gedächtnisses.[16]

„Mehr als bloßes Wissen oder reines Interesse an der Geschichte umgreift Geschichtsbewußtsein den Zusammenhang von Vergangenheitsdeutung, Gegenwartsverständnis und Zukunftsperspektive"[17], konstatiert auch der Geschichtsdidaktiker Karl-Ernst Jeismann. „Von dieser Beschreibung des Geschichtsbewußtseins als Wissen um die Geschichtlichkeit ausgehend, das Vergangenheit, Gegenwart und Zukunft als Horizont des gegenwärtigen Bewußtseins begreift,"[18] verweist Jörn Rüsen auf die enge Verbindung zur Erinnerung.

> Die Erinnerung hält oder macht Vergangenheit so gegenwärtig, daß sie lebensdienlich wird. [...] Geschichtsbewusstsein ist eine komplexe Ausprägung von Erinnerung. In ihm wird der Erfahrungsbezug der Erinnerung deutlicher, kritikfähiger, erweiterbar.[19]

An diesen Überlegungen anschließend entwickelt Rüsen das Konzept einer ‚Geschichtskultur',[20] wobei er folgende Definition gibt: „Geschichtskultur bezeichnet den Gesamtbereich der Aktivitäten des Geschichtsbewusst-

---

[15] Funkenstein, Geschichte [wie Anm. 14], S. 18.
[16] Ebd.
[17] Karl-Ernst Jeismann: Geschichtsbewußtsein – Theorie. In: Handbuch der Geschichtsdidaktik. Hrsg. v. Klaus Bergmann et. al. Seelze-Velber ⁵1997, S. 42-44; hier S. 42.
[18] Ebd.
[19] Jörn Rüsen, Friedrich Jäger: Erinnerungskultur in der Geschichte der Bundesrepublik Deutschland. In: Jörn Rüsen: Kultur macht Sinn. Orientierung zwischen Gestern und Morgen. Köln, Weimar, Wien 2006. S. 65-107; hier S. 71-73.
[20] Vgl. Jörn Rüsen: Historische Orientierung. Über die Arbeit des Geschichtsbewußtseins, sich in der Zeit zurechtzufinden. Köln, Weimar, Wien 1994, insbes. S. 3-24, 211-234, 235-245, 246-258.

seins."[21] Ergänzend meint er zudem später: „Geschichtskultur läßt sich [...] auch als Inbegriff der Geschichten definieren, in denen und durch die sich das Leben einer Gesellschaft vollzieht."[22] Damit existiert inzwischen – auch wenn Rüsen ebenfalls von dem Neben- beziehungsweise Gegeneinander von Geschichte und Gedächtnis ausgeht – ein immer weiter ausdifferenziertes, zwischen beidem vermittelndes Konzept, wie Amos Funkenstein es 1989 gefordert und skizziert hatte.[23] Sich auf Funkenstein beziehend, wies nun wiederum Yerushalmi im Zusammenhang mit dem in der kulturwissenschaftlichen Forschung zur Erinnerung weitgehend vergessenen Vergessen auf die Gefahr einer Mythisierung hin, die Funkenstein nicht genügend berücksichtigt habe. Er bestreitet dabei die Existenz eines historischen Bewusstseins keineswegs,[24] bleibt aber dabei „[d]ie Geschichtsschreibung [... könne] kein Ersatz für das kollektive Gedächtnis sein".[25] Ähnlich argumentiert auch der Kulturhistoriker Peter Burke: „Ich sehe im Historiker [...] den Wächter beunruhigender Fakten, den Wächter der Anomalien im Gehäuse des sozialen Gedächtnisses."[26] Auch Yerushalmi weist Historiker/inne/n eine Kontroll- beziehungsweise Wächterfunktion zu. Sein französischer Kollege Pierre Nora dagegen sieht nicht nur in „Gedächtnis, Geschichte [...] in jeder Hinsicht Gegensätze."[27] Er hält vielmehr Geschichte für eine Gefahr, da sie anders als das Gedächtnis, das auf sinnstiftende Vereinheitlichung des Vergangenen gerichtet ist, auf eine Differenzierung aus ist, denn „ihre wahre Mission besteht darin, das Gedächtnis zu zerstören und zu verdrängen. [... D]ie Ambition des Historikers [... sei] nicht die Heraufbeschwörung dessen, ‚was wirklich geschehen ist', sondern dessen

---

[21] Jörn Rüsen: Geschichtskultur. In: Handbuch der Geschichtsdidaktik. Hrsg. v. Klaus Bergmann et. al. Seelze-Velber ⁵1997, S. 38-41; hier S. 38.

[22] Rüsen, Jäger, Erinnerungskultur [wie Anm. 19], S. 74.

[23] Interessanterweise beziehen sich Funkenstein und Rüsen trotz der zeitlichen Nähe ihrer Überlegungen an keiner Stelle aufeinander. Nur Astrid Erll scheint die Parallele überhaupt aufgefallen zu sein. Vgl. dies.: Kollektives Gedächtnis und Erinnerungskulturen. Eine Einführung. Stuttgart, Weimar 2005, S. 44.

[24] Vgl. Yerushalmi, Historiographie [wie Anm. 12], S. 76 und v.a. 275, Anm. 2.

[25] Yerushalmi, Anatot [wie Anm. 12], S. 19.

[26] Peter Burke: Geschichte als soziales Gedächtnis. In: Mnemosyne. Formen und Funktionen der kulturellen Erinnerung. Hrsg. von Aleida Assman und Dietrich Hardt Frankfurt/M. 1991, S. 289-304; hier S. 304. Siehe auch: Das soziale Gedächtnis. Geschichte, Erinnerung, Tradierung. Hrsg. v. Harald Welzer. Hamburg 2001.

[27] Pierre Nora: Zwischen Geschichte und Gedächtnis: Die Gedächtnisorte. In: ders.: Zwischen Geschichte und Gedächtnis. Berlin 1990, S. 11-33; hier S. 12.

Vernichtung."[28] Diese noch über Halbwachs hinausgehende Position ist verstörend. Allerdings muss man dabei – so der Kunsthistoriker und Museograf Krysztof Pomian[29] – berücksichtigen, dass Nora ein Geschichts(wissenschafts)verständnis vor Augen hat, das die Prozess- und Strukturgeschichte in den Mittelpunkt stellt, wie es die Sozialgeschichte vielfach favorisiert. Diese Art, „Geschichte ohne jeglichen Gedächtnisbezug"[30] zu betrachten, sei nicht nur „Geschichte hinter dem Rücken der Beteiligten"[31], sie sei auch eine „höchst spezielle Angelegenheit"[32], wogegen Nora sich wendet. „Er wollte die Geschichte wieder ins Bewusstsein, ins Gedächtnis, in die Gedächtnisse der Bürger zurückholen".[33]

Für ihn wie für Rüsen gilt es hervorzuheben, dass „der Begriff der Erinnerungskultur in latenter oder sogar offener Spannung zu den Prinzipien wissenschaftsspezifischer Rationalität steht."[34] Durch die Gegenüberstellung von Erinnerungskultur und „der ertötenden Wirkung objektivierender Methodenverfahren der Wissenschaft"[35] – so Rüsen – gewinnt erstere nicht nur „den Reiz unmittelbarer Lebendigkeit"[36], darüber hinaus „wird das historische Denken zu einem methodischen Verfahren, das subjektive Innenseiten historischen Wandels zum Ausdruck und zur Geltung bringt." Der Objektivitätsanspruch der Wissenschaften gilt dagegen „als Bedrohung [...] der unmittelbaren Lebensnähe, des Gruppenbezuges und des kommunikativen Charakters der menschlichen Erinnerungsarbeit"[37], deren Eigenständigkeit daher herausgestellt werden muss. Allerdings stimmt Rüsen Aleida Assmann zu,[38] die konstatiert, „wir sind immer sensibler geworden für die vielfältigen Verknüpfungen, die sich in der Grauzone zwischen Geschichte und Gedächtnis auftun."[39]

---

[28] Ebd., S. 13.
[29] Aleida Assmann: Ein Gespräch mit Krysztof Pomian über Geschichte und Gedächtnis. In: dies.: Erinnerungsräume. Formen und Wandlungen des kulturellen Gedächtnisses. München 1999, S. 143-145.
[30] Ebd., S. 144.
[31] Ebd.
[32] Ebd.
[33] Ebd.
[34] Rüsen, Jäger, Erinnerungskultur [wie Anm. 19], S. 68 f.
[35] Ebd., S. 69.
[36] Ebd.
[37] Ebd.
[38] Ebd., Anm. 16.
[39] Aleida Assmann, Ute Frevert: Geschichtsvergessenheit – Geschichtsversessenheit. Vom Umgang mit deutschen Vergangenheiten nach 1945. Stuttgart 1999, S. 30.

Unklar bleibt allerdings weiterhin oft, was genau unter dem ‚kollektiven Gedächtnis' zu verstehen ist. Deshalb sei an dieser Stelle – mit Harald Welzer gesprochen – „eine dringend notwendige Differenzierung des so eindrucksvollen und faszinierenden, nichtsdestoweniger ziemlich unklaren Konzepts des ‚kollektiven Gedächtnisses' von Maurice Halbwachs geliefert".[40]

Jan Assmann – auf den Welzer sich hier bezieht – hat zur weiteren Klärung und Ausdifferenzierung den Begriff des ‚kommunikativen Gedächtnisses' geprägt, das als ‚soziales Gedächtnis' die lebendige Erinnerung, historische Erfahrungen innerhalb der eigenen, individuellen Biographie beinhaltet. Doch Erinnerungen werden mit Zeitgenossen geteilt und individuell über etwa drei bis vier Generationen weiter kommuniziert. Daneben existiert noch eine – nach den russischen Semiotikern Juri M. Lotman und Boris A. Uspenskij[41] – für die Kultur einer Gesellschaft konstitutive, vermittelte Erinnerung an Ereignisse über Generationsgrenzen hinweg. Daher bezeichnete Jan Assmann dieses Gedächtnis als „kulturelles Gedächtnis" und definierten es als „Sammelbegriff für alles Wissen, das im spezifischen Interaktionsrahmen einer Gesellschaft Handeln und Erleben steuert und von Generation zu Generation zur wiederholten Einübung und Einweisung ansteht."[42]

> Unter dem Begriff des ‚kulturellen Gedächtnisses' fassen wir den in jeder Gesellschaft und jeder Epoche eigentümlichen Bestand an Wiedergebrauchs-Texten, -bildern und -riten zusammen, in deren ‚Pflege' sie ihr Selbstbild stabilisiert und vermittelt, ein kollektives geteiltes Wissen vorzugsweise (aber nicht ausschließlich) über die Vergangenheit, auf das eine Gruppe ihr Bewusstsein von Eigenheit und Eigenart stützt.[43]

Dieses umfassende, historisch verortete *kulturelle Gedächtnis*, lässt sich auch als das verstehen, was innerhalb einer Gemeinschaft, meist mit Hilfe einer Ritualisierung an Erinnerung, sozusagen offiziell tradiert wird oder werden soll. Allerdings klammert er – so Harald Welzer – „die Frage aus,

---

[40] Harald Welzer: Das kommunikative Gedächtnis: Eine Theorie der Erinnerung. München 2005, S. 13.
[41] Vgl. u. a. Juri M. Lotman, Boris A. Uspenskij: Zum semiotischen Mechanismus der Kultur. In: Semiotica Sovietica. Sowjetische Arbeiten der Moskauer und Tartuer Schule zu sekundären modellbildenden Zeichensystemen (1962-1973) Bd. 2. Hrsg. von Karl Eimermacher. Aachen 1986, S. 853-876.
[42] Jan Assmann: Kollektives Gedächtnis und kulturelle Identität. Kultur und Gedächtnis. Hrsg. v. Jan Assman und Tilo Höltscher. Frankfurt/M. 1988, S. 9-19; hier S. 9.
[43] Ebd., S. 15.

wie das kommunikative Gedächtnis auf der Ebene des Individuums beschaffen ist."[44] Dieser, schon bei Halbwachs offen gebliebenen Frage, wendet sich Welzer zu. Seine Forschungsgruppe konnte nachweisen, dass das Gedächtnis sich im Laufe der Entwicklung des Menschen vom Kleinkind zum Erwachsenen im Gespräch herausbildet, entwickelt und verfestigt. Dieser Prozess der „gemeinsame[n] Verfertigung erlebter Vergangenheit (,conversational remembering')"[45] setzt sich lebenslang fort. Dabei geschieht die Vermittlung von Vergangenheit und Geschichte zumeist „en passant, von den Sprechern unbemerkt, beiläufig, absichtslos."[46] Davon ausgehend konnte gezeigt werden,

> [...] daß der Prozess der kommunikativen Tradierung von Geschichte nach dem Prinzip der Montage verläuft, indem die unterschiedlichsten narrativen und bildhaften Versatzstücke mit ganz verschiedenen historischen und subjektiven Zeitkernen aneinander montiert werden. Dieses beständige Ergänzen und Montieren ist ein Prozess der Verlebendigung, und damit können wir auf den Befund zurückkommen, daß das Gedächtnis von Familien und weiteren Erinnerungsgemeinschaften nicht auf ein begrenztes und fixiertes Inventar von Erinnerungsstücken baut, sondern daß dieses Inventar einer permanenten Überschreibung unterliegt, die eben in der Aktualisierung im Prozess des ‚conversational remembering' geschieht.[47]

Das Gedächtnis wird durch chemisch-neuronale Vorgänge beeinflusst. Dadurch, aber auch bedingt durch soziale und kommunikative Aspekte, wird die Erinnerung, sozusagen umgeschrieben. Autobiographische Erinnerungen sind immer von der Sicht der Gegenwart her determiniert und auf Sinnstiftung ausgerichtet. Spätere Ereignisse und Erfahrungen führen nicht nur zu einer Neubewertung von Erlebnissen, sondern können die Erinnerung daran selbst verändern. Die sich Erinnernden sind dabei in der Regel nicht mehr in der Lage, ursprüngliche Erinnerung und später in diese inkorporierte Teile zu trennen. Deshalb sind sie von der ‚Wahrheit' ihrer Erinnerungen überzeugt, zumal sie in diesem Moment im Rahmen der Sicht auf die eigene Biographie schließlich einen Sinn ergibt. So lassen sich Diskrepanzen zwischen der Erinnerung von Zeitzeugen und dem Fakten-

---

[44] Welzer, Gedächtnis [wie Anm. 40], S. 15.
[45] Ebd., S. 16. Den Begriff ‚conversational remembering' übernimmt Welzer hier von David Middleton und Derek Edwards: Conversational remembering. A social psychological approach. In: Collective Remembering. Hrsg. v. David Middleton und Derek Edwards. London u.a. 1990, S. 23-45.
[46] Welzer, Gedächtnis [wie Anm. 40], S. 16.
[47] Harald Welzer, Sabine Moller, Karoline Tschuggnall: „Opa war kein Nazi". Nationalsozialismus und Holocaust im Familiengedächtnis. Frankfurt/M. ³2002, S. 201.

wissen von Historikern zwar erklären, aber selten beseitigen. Aus welchen Quellen der importierte Teil der Erinnerung stammt, lässt sich nämlich meist nur in Einzelfällen belegen und nie mit letzter Sicherheit. Harald Welzer hat dabei auch die überraschende Entdeckung gemacht, dass die familiäre Überlieferung und das historische Faktenwissen oft nebeneinander existieren, selbst wenn sie sich widersprechen. Es kommt häufig zu keiner Abgleichung des Wissens. Familienalbum und Lexikon stehen nebeneinander im Bücherregal.[48]

Wo Geschichte innerhalb des kollektiven Gedächtnisses (Halbwachs) oder der Erinnerungskultur (Rüsen) nun zu verorten ist, ist daher m. E. nicht unbedingt von zentraler Bedeutung. Burke nämlich versteht „Geschichte als soziales Gedächtnis" und ordnet sie, ähnlich wie Funkenstein und Yerushalmi, somit eher dem kommunikativen Gruppengedächtnis zu und sieht in ihr dessen Korrektiv. Rüsens Verständnis von Geschichtskultur tendiert dagegen eher zum kulturellen Gedächtnis, da er im Rahmen der Geschichtskultur das Geschichtsbewusstsein – zumindest meinem Verständnis nach – eher in Opposition zu Alltagskultur sieht, denn als Teil derselben. Aleida Assmann situiert in ihrem Konzept von Funktions- und Speichergedächtnis Geschichte explizit auf der Ebene des kulturellen Gedächtnisses.[49]

Wenn aber nun Geschichte und Gedächtnis teils zueinander gehören, teils nebeneinander existieren, ist die Frage, in welchem Verhältnis Gedächtnis und Geschichte zu einander stehen, im konkreten Einzelfall zu entscheiden.

Die emotionale Nähe der Zwillingskinder – Literatur und Geschichte

Noch interessanter als das Verhältnis zwischen Geschichte und Gedächtnis ist aus meiner Sicht das zwischen Geschichte und Geschichten bzw. Literatur und Gedächtnis und Geschichte. Dass Historiker/innen literarisieren, wird heute immer seltener bestritten. Interessanter ist vielmehr, welche Rolle Literatur für die Erinnerung spielt.

---

[48] Vgl. ebd., S. 9-11.
[49] Vgl. Aleida Assmann: Funktionsgedächtnis und Speichergedächtnis. Zwei Modi der Erinnerung. In: Generation und Gedächtnis. Erinnerungen und kollektive Identitäten. Hrsg. v. Kristin Platt, Mihran Dabak. Opladen 1995, S. 169-185; dies., Erinnerungsräume [wie Anm. 29], S. 130-142.

Yosef Hayim Yerushalmis in Bezug auf die Shoa und die Juden geäußerte Vermutung, dass das Bild der Vergangenheit „nicht am Amboß des Historikers, sondern im Schmelztiegel des Romanciers geformt wird"[50] – später ergänzte er unter anderem noch „die Linse des Filmemachers"[51] –, wurde längst allgemein gültig bestätigt. Harald Welzer und andere haben nicht nur festgestellt, dass es sich bei der erinnerten Vergangenheit um eine Kollage handelt, sondern auch, dass im Nachhinein inkorporierte Teile immer häufiger aus Quellen wie Romanen oder Filmen stammen.[52] Literatur und Film prägen also – in der Regel unbemerkt – die Erinnerung und damit das Bild des Menschen von seiner Vergangenheit. Aber nicht nur aus diesem Grund trifft auch allgemein zu, was Yerushalmi ursprünglich in Israel beobachtete:

> Viele Juden suchen heute nach einer Vergangenheit, aber diejenige, die der Historiker zu bieten hat, wollen sie ganz offensichtlich nicht. [...] Sie scheinen lieber auf einen neuen metahistorischen Mythos warten zu wollen, und der Roman eignet sich wenigstens einstweilen als modernes Surrogat dafür.[53]

Um sich ein Bild von der Vergangenheit zu machen, wenden sich die Menschen des Medienzeitalters immer häufiger – so scheint es – Kino, Fernsehen und Romanen zu. Umberto Ecos 1980 erschienener Erfolgsroman *Der Name der Rose* ist wohl das beste Beispiel dafür. Nicht nur, dass seitdem der Markt für historische Romane geradezu boomt – mehr noch: Wie Eco selbst überrascht feststellte, hatte er mit seiner Version des Spätmittelalters die Vorstellung, die Tausende seiner Leser/innen von dieser Epoche nun haben, geprägt. Die überwiegende Mehrheit der Leser/innen nahm schlicht nicht zur Kenntnis, dass es sich, da es ein Roman ist, vor allem um Fiktion handelt.[54] Dieses Phänomen ist keineswegs neu. Geschichte und Geschichten – Realität und Fiktion sind eng verwandt. „Die fiktiven Welten sind", so der Semiotiker Eco in Auseinandersetzung mit dem Romancier Eco, „Parasiten der wirklichen Welt."[55] Autor/inn/en greifen automatisch auf das eigene Wissen zurück und nehmen die ihnen bekannte Realität meist zum Vorbild. Sofern es sich um einen – wie auch

---

[50] Yerushalmi, Zachor [wie Anm. 12], S. 104.
[51] Yerushalmi, Historiographie [wie Anm. 12], S. 82.
[52] Vgl. Welzer, Gedächtnis [wie Anm. 40], insbes. S. 185-206.
[53] Yerushalmi, Zachor [wie Anm. 12], S. 104.
[54] Vgl. Umberto Eco: Im Wald der Fiktionen. Sechs Streifzüge durch die Literatur. München ³2004, S. 103-105.
[55] Ebd., S. 112.

immer – realistischen Roman handelt, müssen sie aber auch das (potentielle) Weltwissen seiner Leser/innen in Rechnung stellen und einen – wie Roland Barthes es nannte – „l'effet de réel"[56] einbeziehen, damit diese sich auf das Werk einlassen, selbst wenn textimmanente Hinweise oder beispielsweise die Gattungsbezeichnung „Roman" das Werk als Fiktion ausweisen. Zugleich besteht aber immer die Gefahr, dass das Werk – auch entgegen der Intention der Verfasserin oder des Verfassers – als nichtfiktional rezipiert wird, sobald das Publikum Teile der ihm bekannten Realität und Gegenwart erkennt.[57] Die zeitgenössische Rezeption von Thomas Manns erstem Roman *Buddenbrooks* ist eines der bekanntesten Beispiele dafür. Damit aber liegt für den Kulturwissenschaftler nahe, Romane auf ihren Realitätsgehalt hin zu befragen[58] – und das nicht nur, weil Romane die Weltsicht ihres Schöpfers widerspiegeln. Siedelt ein/e Autor/in das Werk beispielsweise in der eigenen Zeit und an einem ihm/ihr gut bekannten Ort an, so kann das Werk späteren Leser/inne/n ein Bild der Zeit und des Ortes, unter Umständen einschließlich von sich auf damals gemachte Beobachtungen stützende Fakten vermitteln, das sonst kaum zu finden ist und sich anhand anderer Quellen kaum oder nur fragmentarisch rekonstruieren ließe. Neben Thomas Mann *Buddenbrooks* ließe sich beispielsweise auch an Alfred Döblins *Berlin Alexanderplatz* denken. Historische Romane dagegen vermitteln, wenn schon kein objektives Bild der Vergangenheit, dann doch zumindest zumeist die Sicht der Entstehungszeit auf diese.[59] Wie nah in diesem Fall das Bild der tatsächlichen Vergangenheit kommt, hängt wiederum davon ab, welche Ziele der Verfasser oder die Verfasserin sonst noch mit seinem Werk verfolgt, welchen Mythisierungen er sich bewusst bedient bzw. unbewusst anheim fällt, und wie genau seine eigenen Recherchen zu dem Roman waren (bei denen Schriftsteller/innen letztlich quasi zu Historiker/inne/n werden). Nur weil Werke das Etikett ‚Fiktion' tragen, heißt das noch nicht, dass sie subjektiver und damit unzuverlässiger sind als andere Quellen über die Vergangenheit, wie beispielsweise Memoiren, Reise- oder Verwaltungsberichte. Die Übergänge zwischen Fiktion und Realität sind in

---

[56] Roland Barthes: Der Wirklichkeitseffekt. In: ders.: Das Rauschen der Sprache. Kritische Essays IV. Frankfurt/M. 2006, S. 164-172.
[57] Vgl. bspw. Gertrud Maria Rösch: Clavis Scientiae. Sudien zum Verhältnis von Faktizität und Fiktionalität am Fall der Schlüsselliteratur. Tübingen 2004.
[58] Vgl. – auf neueren Erkenntnissen der Kognitionsforschung basierend – Peter Blume: Fiktion und Weltwissen. Der Beitrag nichtfiktionaler Konzepte zur Sinnkonstitution fiktionaler Erzählliteratur. Berlin 2004.
[59] Vgl. dazu z.B. den Beitrag von Eugen Kotte in diesem Band.

jeder Richtung fließend, für Autor/in wie Leser/in ebenso, wie innerhalb des Gedächtnisses.

Das Medium Literatur ist somit gerade für das Gedächtnis von Bedeutung. Besonders Teile der Vergangenheit, die in den Erinnerungsritualen und im politischen und kulturellen Selbstverständnis einer übergeordneten Gemeinschaft, d.h. für deren kulturelles Gedächtnis keine Rolle (mehr) spielen, werden im kommunikativen Gedächtnis innerhalb einzelner Gruppen bewahrt. Gerade weil diese nicht über eine z.B. staatliche Deutungshoheit in Kultur und Geschichte verfügen, spielt für sie die Erinnerung eine viel größere Rolle. Die Sieger schrieben zwar – wie Peter Burke konstatiert – die Geschichte, könnten es sich dann aber leisten, sie wieder zu vergessen, im Unterschied zu den kulturell entwurzelten Verlierern. „Diese sind dazu verdammt, über das Geschehene nachzugrübeln, es wieder zu beleben und Alternativen zu reflektieren."[60] Die Tradition ist viel stärker und die Vergangenheit bleibt dadurch wesentlich präsenter. Da naturgemäß ihre Sicht der eigenen Geschichte daher in der Historiographie nicht auftaucht, werden Liedgut und Literatur zum Medium der Verbreitung dieser „contre-mémoire"[61] – wie Michel Foucault es nannte –, eines Gegengedächtnisses oder einer Gegengeschichte. Dazu zählt Burke beispielsweise die Geschichte der Iren oder die der Polen,[62] und die der Juden lässt sich ebenfalls hinzurechnen.[63] Fiktionale Literatur kann aber nicht nur als Medium des Gegengedächtnisses fungieren. Die neuere kulturwissenschaftliche Forschung zu Gedächtnis und Erinnerung, die sich – im Anschluss an Burkes Überlegungen – der Frage zugewandt hat, welche Bedeutung fiktionale Literatur als Erinnerungsliteratur haben kann,[64] hat noch mindestens zwei

---

[60] Vgl. Burke, Geschichte [wie Anm. 26], S. 297.
[61] Michel Foucault: Nietzsche, die Genealogie, die Historie. In: ders.: Von der Subversion des Wissens. Frankfurt/M. 1987. S. 69-90; hier S. 85.
[62] Vgl. Burke, Geschichte [wie Anm. 26], S. 296-298.
[63] Funkenstein, Geschichte [wie Anm. 14], S. 271. Funkenstein bezieht sich dabei auf Peter Burke: History of Events and the Revival of Narrative. In: New Perspectives on Historical Writing. Hrsg. v. dems. University Park/PA 1991, S. 233-248.
[64] Vgl. Birgit Neumann: Literatur, Erinnerung, Identität. In: Gedächtniskonzepte der Literaturwissenschaft. Theoretische Grundlagen und Anwendungsperspektiven. Hrsg. v. Astrid Erll und Ansgar Nünning. Berlin/New York 2005, S. 149-178; Astrid Erll: Literatur als Medium des kollektiven Gedächtnisses. In: ebd., S. 248-276. Siehe auch: Birgit Neumann: Erinnerung – Identität – Narration. Gattungstypologie und Funktionen kanadischer „Fictions of Memory". Berlin/New York 2005, S. 1-238; Astrid Erll: Gedächtnisromane. Literatur über den Ersten Weltkrieg als Medium englischer und deutscher Erinnerungskulturen in den 1920er Jahren. Trier 2003, S.1-186.

weitere Formen ausgemacht: In Literatur wird auch das Thema der autobiographischen wie der kollektiven Erinnerung einer sozialen Gruppe selbst thematisiert, wie zum Beispiel in den Romanen von Imre Kertesz über die Shoa. Zudem können literarische Werke im Gedächtnis einer Gemeinschaft und für deren Verständnis der Vergangenheit eine Schlüsselrolle spielen – so beispielsweise die Werke Adam Mickiewiczs für Polen.

Literatur als Gedächtnismedium ist damit gleich im doppelten Sinne mit Geschichte verknüpft: Zum einen kann sie, wie andere Texte auch, als Quelle zur Annäherung an die Vergangenheit dienen, zum anderen ist sie selbst unter Umständen Bestandteil der Erinnerung und damit Teil des Bildes der Vergangenheit.

Die Rückbesinnung auf die familiären Wurzeln – Eine Therapieempfehlung

Was aber bedeutet all dies für die Kulturwissenschaftler/innen und Historiker/innen? Kurz gesagt: Eine Chance. Bevor man den Wert sämtlicher erzählerischer Quellen in Frage stellt und/oder das Bücherschreiben ganz den Schriftsteller/inne/n überlässt, sollte man Folgendes nicht nur akzeptieren, sondern für sich nutzen: dass Mnemosyne vergangenheitsbezogen, gegenwartsverhaftet und zukunftsorientiert und damit eigenwillig ist, dass Klio dichtet, sowie dass Kalliope sowohl Muse der Epik wie der Wissenschaft sein kann, darf und soll.

Literarische – auch fiktionale – Texte in historische Untersuchungen einzubeziehen, erweist sich aus meiner Sicht gleich in vielfacher Hinsicht als sinnvoll und in einigen Fällen als unabdingbar. Nicht nur, dass dadurch die historischen Studien selbst anschaulicher und glücklichstenfalls lesbarer werden, manchmal ermöglicht die Hinzuziehung von Literatur überhaupt erst die Rekonstruktion eines differenzierten Bildes der Vergangenheit – dann nämlich, wenn Vergangenheitsversionen nur in Erzählungen, Überlieferungen und Literatur innerhalb des kommunikativen Gedächtnisses überlebt haben. Erst durch deren Hinzunahme erklingen damit Stimmen, „die bisher nicht laut zu werden vermochten, weil sie unterdrückt worden sind und weil die Erinnerung an sie ausgelöscht wurde".[65] Die Geschichte der Juden in Mittel- und Osteuropa ist so ein Beispiel. Die jüdische Welt vor der Vernichtung durch die Shoa hat vor allem in der Literatur überlebt.

---

[65] Funkenstein, Geschichte [wie Anm. 14], S. 271.

Aber auch wenn es um das polyethnische, multikulturelle Neben- und Miteinander von Polen, Juden, Deutschen und anderen geht, das in den Städten der Region die Regel war – in Städten wie Breslau, Danzig, Lodz, Warschau, Wilna, Lemberg oder Czernowitz ist man oftmals auf literarische Texte angewiesen, oder diese drängen sich zumindest als Quelle geradezu auf.[66] Wenn zudem wie im Falle der Iren oder Polen, ein Volk über weite Strecken der Geschichte keinen Zugang zum kulturellen Gedächtnis hat, so dass Selbstverständnis, Identität und Geschichte im kommunikativen Gedächtnis literarisch fixiert wird, kommt man schwerlich umhin, sich auch auf literarische Texte zu stützen.

Wenn zudem Literatur und Film eine immer stärkere Rolle für das Verständnis der Vergangenheit spielen und ihr Bild – mithin das Geschichtsbewusstsein – prägen und zum Kern der Geschichtskultur werden, kommt man kaum umhin, sich damit auseinanderzusetzen. Unerlässlich wird es insbesondere dann, wenn man die von Yosef Hayim Yerushalmi und Peter Burke der kritischen akademischen Wissenschaft zugedachte Rolle eines Korrektivs ernst nehmen will. Da m.E. nach Klio bei genauer Betrachtung keineswegs so ernstlich erkrankt ist, wie es angesichts der teils herrschenden Hysterie den Anschein hat, sondern sich nur auf ihre familiären Wurzeln zurückbesinnen muss, halte ich im Zuge des „memory turns" einen weiteren „turn" für verkraftbar. Ein „literary turn" – d.h. eine Hinwendung der (kulturwissenschaftlichen) Geschichtswissenschaften in Richtung auf eine Öffnung hin zur Literatur erscheint mir notwendig.

---

[66] Zur Bedeutung von Literatur für das Geschichtsbewusstsein bei Juden und Polen siehe z.B. Frank M. Schuster: Zwischen Hoffen und Bangen. Reaktionen jüdischer Literaten auf das ‚Wunder der Wiedergeburt' Polens 1918-1921. In: Nord-Ost Archiv 16 [2007] (im Druck).

Jörg Wormer

Landeskunde und Kulturwissenschaft(en)
Zur Genese familienähnlicher
Wissenschaftskonzeptionen

> *Die unsägliche Verschiedenheit aller unserer tagtäglichen Sprachspiele kommt uns gar nicht zu Bewußtsein, weil die äußeren Formen unserer Sprache alles gleichmachen.*
>
> Ludwig Wittgenstein

1. Von der Gesellschafts- zur Kulturanalyse

EXISTENTIALISMUS, Gesellschaftsanalyse und -veränderung, Kulturwissenschaft(en) – mit diesen Begriffen aus Philosophie und Humanities (neudeutsch für Geistes- und Sozialwissenschaften) ließe sich die zweite Hälfte des europäischen 20. Jahrhunderts und die erste Dekade des 21. Jahrhunderts schlagwortartig auf den Punkt bringen. Die Verantwortungsethik des Existentialismus in den 1950er Jahren, der partizipatorische, Gesellschaftsveränderung anstrebende Reformwille der späten 1960er und 1970er Jahre, Umweltbewusstsein und wirtschaftliche Globalisierung, all dies *Gesellschaftliche* erfährt in den letzten beiden Jahrzehnten eine neue Denomination. Das Gesellschaftliche wird zum Kulturellen, und folgerichtig scheinen Kulturwissenschaft resp. Kulturwissenschaften zu Leitdisziplinen zu avancieren – wäre da nicht die zur Beharrung neigende Welt der nicht zuletzt universitären Institutionen mit ihren gewachsenen Fächern, Instituten, Fachbereichen. Gegenläufige Bewegungen sind zu beobachten: die Emergenz einer sich zunächst als Suprawissenschaft verstehenden Kulturwissenschaft, parallel dazu die Bündelung von Geistes- und Sozialwissenschaften zu Kulturwissenschaften, beides Ergebnis ein und desselben Paradigmenwechsels von den zentralen Bezugskategorien *Geist* und *Gesellschaft* zur obersten Kategorie *Kultur*. Daneben bleibt das Fortbestehen sprach- und literaturwissenschaftlicher, philosophischer, geschichts- und theaterwissenschaftlicher sowie sozial- und kulturwissenschaftlicher Fakultäten zu beobachten. Diese eher wissenschaftsinterne Gemengelage trifft seit einigen Jahren auf Europäisierungs- und Internationalisierungsbestrebungen der (Wissenschafts-)Politik, die parallel zu den ökonomischen Entwicklungen, auf Angleichung und Wettbewerb setzend, die universitäre Innenwelt kurzerhand (wieder einmal) in die beiden Gruppen Naturwissenschaften und Medizin sowie Geistes- und Sozialwissenschaften (mancherorts bereits seit den neunziger Jahren: Kulturwissenschaften) einteilt. So gesehen sind Philologien und mit ihnen Landeskunde und Kulturwissenschaft(en) wissenschaftshistorisch, systematisch und wissenschaftstheoretisch in der letztgenannten Gruppe zu verorten. In dem vorliegenden Beitrag wird versucht, innerhalb der *Kultur* der Geistes- und Sozialwissenschaften die Genese familienähnlicher Wissenschaftskonzeptionen am Beispiel des Verhältnisses von Landeskunde und den verstärkt seit den frühen 1990er Jahren entwickelten Kulturwissenschaft(en) zu analysieren und näher zu bestimmen.

2. Wissenschaftskulturen, Kulturwissenschaft(en), Landeskunde

In der siebten Auflage 2001 des Fremdwörterdudens werden der Philologe nach dem griechisch-lateinischen Wortsinn als „Freund der Wissenschaften" und die Philologie als Sprach- und Literaturwissenschaft charakterisiert. In einem strengeren Wortsinn ist der Philologe ein Freund des Wortes ganz allgemein. Mit der Bezeichnung Philologie im Verständnis Sprach- und Literaturwissenschaft erfolgt demnach eine terminologische Engführung auf Sprache und Literatur. Zumindest nach der Denomination scheint für lebensweltliche Phänomene, Sprach- und Literaturkontexte, Gesellschaftliches und Soziokulturelles kein Raum und damit auch das Fichtesche Verständnis der Literaturwissenschaft von 1807 „als das allgemeine Kunstmittel der Verständigung"[1] nicht impliziert zu sein. Spätestens aber seit der Überwindung der literaturwissenschaftlich dominierten Phase der Textim-

---

[1] Johann Gottlieb Fichte: Deduzierter Plan einer zu Berlin zu errichtenden höhern Lehranstalt, die in gehöriger Verbindung mit einer Akademie der Wissenschaften stehe. In: Idee und Wirklichkeit einer Universität. Dokumente zur Geschichte der Friedrich-Wilhelms-Universität zu Berlin. 1807. Hrsg. von Wilhelm Weischedel. Berlin 1960, S. 30-105; hier S. 58. Zitiert nach Wolfgang Frühwald, Hans Robert Jauß, Reinhart Koselleck, Jürgen Mittelstraß, Burkhart Steinwachs: Geisteswissenschaften heute. Eine Denkschrift. Frankfurt/M. 1991, S. 57.

manenz, also etwa seit den späten sechziger Jahren des letzten Jahrhunderts, öffneten sich die Sprach- und Literaturwissenschaften mehr oder weniger dem soziokulturellen Kontext von Sprache und Literatur. Diese Öffnung aber fand lange Zeit keinen Niederschlag in der Denomination, bis es 1991 nach Abschluss eines dreijährigen Forschungsprojektes an der Universität Konstanz zu dem geschichtswirksam gewordenen Vorschlag kam, die Geisteswissenschaften und mit ihnen die Philologien unter Verwendung der alternativen obersten Kategorie Kultur als Kulturwissenschaften different aufzustellen. Es wird „den Geisteswissenschaften als Kulturwissenschaften eine neue Perspektive eröffnet. In dieser Perspektive befassen sich die Geisteswissenschaften mit Kultur als dem Inbegriff aller menschlichen Arbeit und Lebensformen, einschließlich naturwissenschaftlicher Entwicklungen. Ihr Gegenstand, der insofern auch die Naturwissenschaften einschließt, ist demnach die *kulturelle Form der Welt*."[2] In idealistischer Tradition wird hiermit die Aufteilung von Natur- und Geisteswissenschaften in zwei Kulturen „durch ihre Neubestimmung als Kulturwissenschaften"[3] in eine wieder „einheitliche Wissenschaftskultur"[4] zurückgeführt. Ein solches Verständnis eröffnet zwei Möglichkeiten: alle Wissenschaften oberbegrifflich als Kulturwissenschaft zu begreifen und, wie gerade gesehen, bestehende Natur- und Geisteswissenschaften als Kulturwissenschaften neu zu bestimmen.

Folgt man dem letztgenannten Verständnis der *neuen* Kulturwissenschaften, dann stellt sich die Geisteswissenschaft Philologie als *eine* Kulturwissenschaft dar. Geht man weiter von dem nicht in Frage stehenden Verständnis der Philologien, insbesondere der Fremdsprachenphilologien, als die Landeskunde einschließend aus, dann wird die Landeskunde als eine philologische neue Kulturwissenschaft begreifbar. Solchermaßen wissenschaftssystematisch und logisch als Wissenschaft abgeleitet, erhebt sich gleichwohl die Frage, inwiefern die bestehende Landeskunde Ansprüchen an eine Disziplin bzw. eine Wissenschaft gerecht wird. Der logische Dreischritt: wenn Landeskunde Bestandteil der Philologie und diese eine Kulturwissenschaft ist, dann ist auch Landeskunde eine Kulturwissenschaft, besagt außer einer terminologischen Zuordnung allein noch wenig darüber, ob die konkrete fremdsprachenphilologische Landeskunde wissenschaftli-

---

[2] Wolfgang Frühwald et al., Geisteswissenschaften [wie Anm. 1], S. 10.
[3] Ebd., S. 11.
[4] Ebd., S. 10.

chen Charakter hat oder wissenschaftlich institutionalisiert ist und Anspruch auf Geltung als Disziplin erheben kann.

Um diese Problemkonstellation zu klären, lohnt ein kurzer Blick auf bisherige Konzepte der Landeskunde. Diese bildet mit Sprache und Literatur die drei traditionellen Säulen vieler Fremdsprachenphilologien. Stand mit der weitestgehenden Konzentration auf Texte die Welthaltigkeit der (Muttersprachen-)Philologien lange Zeit in Frage, so galt dies für die meisten Fremdsprachenphilologien mit ausgeprägt landeskundlichen Anteilen seit der Überwindung der Grammatik-Übersetzungs-Methode in der Fremdsprachenvermittlung gegen Ende des 19. Jahrhunderts nicht. Mit den Begriffen Welthaltigkeit, Philologie und Fremdsprachenvermittlung ist ein Spannungsfeld bezeichnet, das bei aller Vorsicht vor zwangsläufig reduktionistischen Dichotomisierungen zutreffend als die Spannung zwischen Philologie als Wissenschaft und Vermittlung als Praxis umrissen ist. Stehen hinter Sprache und Literatur des Fremdsprachenunterrichts Theorien der Sprach- und Literaturwissenschaften, so gilt dies nicht in gleichem Maße für die Landeskunde. Wenn hinter ihr Theoreme oder Theorieansätze stehen, so sind sie entweder philologisch (z.B. die Vorstellung einer sprachinhärenten Landeskunde, welche als Anwendungsfeld von Grammatik bzw. als Sprechimpuls im Diskurs gesehen wird) oder im weitesten Sinne sozialwissenschaftlich (Deutschlandstudien mit Bezugswissenschaften wie etwa Soziologie, Politologie, Rechts-, Wirtschaftswissenschaften etc.), aber nicht genuin landeskundlich, sprich in selbstreflexiver, xenologischer und in der Regel vergleichender Fremdperspektive. Diese landeskundliche Aporie ist früh erkannt, aber bis heute nicht hinreichend aufgelöst worden, wenngleich sich in den letzten zehn Jahren verstärkt Ansätze zu einer Wissenschaftsauffassung der deutschen Landeskunde (Altmayer[5], Wormer[6], Koreik[7]), in der Romanistik (Höhne / Kolboom[8], Lüsebrink[9]) bereits etwas früher und

---

[5] Claus Altmayer: Kultur als Hypertext. Zu Theorie und Praxis der Kulturwissenschaft im Fach Deutsch als Fremdsprache. München 2004.

[6] Jörg Wormer: Landeskunde als Wissenschaft. In: Jahrbuch Deutsch als Fremdsprache 29 (2003), S. 435-470.

[7] Uwe Koreik: Deutschlandstudien und deutsche Geschichte. Die deutsche Geschichte im Rahmen des Landeskundeunterrichts für Deutsch als Fremdsprache. Baltmannsweiler 1995.

[8] Roland Höhne, Ingo Kolboom: Landeskunde ohne Landeswissenschaftler? Vorbemerkung zum Verhältnis der Romanistik zur Landeskunde und zum Methodenproblem einer Landeswissenschaft als Teildisziplin der Romanistik und der Französischlehrerausbildung. In: Von der Landeskunde zur Landeswissenschaft. Beiträge zum Romanistentag '81. Hrsg. von Roland Höhne, Ingo Kolboom. Rheinfelden 1982, S. 1-13.

chronologisch an erster Stelle – in der Anglistik (Nünning[10], Hansen[11], Kramer[12]) herausgebildet haben.

Deutsch als Fremdsprache hat sich als wissenschaftliches Fach in der Bundesrepublik Deutschland 1978 mit der Gründung des Instituts für Deutsch als Fremdsprache an der Ludwig-Maximilians-Universität München institutionalisiert. Zu diesem Zeitpunkt bestand eine mehr oder weniger systematische Sprachvermittlung Deutsch als Fremdsprache bereits 23 Jahre (das Lehrwerk *Deutsche Sprachlehre für Ausländer* von Schulz-Griesbach erschien im Jahr 1955 in der Erstauflage). Die Disziplin Deutsch als Fremdsprache sichtete und bearbeitete aus der Fremdperspektive sprach- und literaturwissenschaftliche Theorien, machte sich an die Untersuchung von Wissenschaftssprache und Fachsprachen und erforschte mit Blick auf die Praxis Sprachlehr- und -lernprozesse. Erste Professuren wurden mit der Forschung verpflichteten Philologen (aus der Romanistik, der Germanistik, der Anglistik) bzw. mit Fremdsprachendidaktikern, jedoch nicht mit Sozialwissenschaftlern besetzt. Es sollte bis zur Mitte der ersten Dekade des gerade begonnenen Jahrhunderts dauern, bis zwei landeskundliche Professuren, eine in Leipzig (Altmayer) und eine in Bielefeld (Koreik), geschaffen wurden. Vor dieser Zeit wurde landeskundliche Kompetenz mehr schlecht als recht über das Studium von Nebenfächern, etwa in der Kombination Hauptfach DaF mit zwei Nebenfächern, z.B. Geschichte und Soziologie, aufgebaut. Das Problem hierbei war die jeweilige fachliche Binnenperspektive; es fehlte somit die genuine DaF-, nämlich die Fremdperspektive. Darunter sowie unter einer gar nicht so seltenen, gleichwohl falschen, weil verengten Wahrnehmung als didaktisches Universitätsfach leidet Deutsch als Fremdsprache noch dreißig Jahre nach der ersten bundesrepublikanischen Institutsgründung.

---

[9] Hans-Jürgen Lüsebrink: Romanische Landeskunde zwischen Literaturwissenschaft und Mentalitätsgeschichte. In: Kulturbegriff und Methode. Der stille Paradigmenwechsel in den Geisteswissenschaften. Eine Passauer Ringvorlesung. Hrsg. von Klaus P. Hansen. Tübingen 1993, S. 81-94.

[10] Ansgar Nünning: Literatur, Mentalitäten und kulturelles Gedächtnis: Grundriß, Leitbegriffe und Perspektiven einer anglistischen Kulturwissenschaft. In: Literaturwissenschaftliche Theorien, Modelle und Methoden. Eine Einführung. Hrsg. von Ansgar Nünning. Trier 1995, S. 173-197.

[11] Klaus P. Hansen: Die Herausforderung der Landeskunde durch die moderne Kulturtheorie. In: Kulturbegriff und Methode [wie Anm. 9], S. 95-114.

[12] Jürgen Kramer: British Cultural Studies. München 1997.

Eine Wissenschaftsorientierung der Landeskunde in DaF wurde seit den siebziger Jahren des vergangenen Jahrhunderts postuliert und ansatzweise umgesetzt (z.B. Picht[13], Deutschmann[14], Mog[15], Mog / Althaus[16], Koreik[17], Wierlacher[18]), zwei als idealtypische Modelle charakterisierbare wissenschaftliche Landeskunden liegen seit Wormer (*Landeskunde als Wissenschaft*, 2003[19]) und Altmayer (*Neubestimmung der Landeskunde als Kulturwissenschaft in einer Perspektive transdisziplinärer Forschungspraxis*, 2004[20]) vor.

Angesichts des Fehlens eines genuinen fachlichen Forschungshintergrundes während etwa eines halben Jahrhunderts (zumindest während 25 Jahren, setzt man mit der Disziplingründung im Jahr 1978 an) wird Landeskunde als Gegenstand der Fremdsprachenvermittlung statt als Gegenstand wissenschaftlicher Erforschung für die Zeit ab 1955 offenkundig: Landeskunde als Wissenschaft – Fehlanzeige für lange Jahre ab den fünfziger Jahren, dafür aber eine Reihe landeskundlicher Vermittlungskonzepte.[21] Das erste, jedoch vom sprachinhärenten Verständnis der Landeskunde so gut wie verdeckte Konzept bestand in einer Institutionenkunde; es wurde Faktenwissen vermittelt. Es folgten, verkürzt formuliert, die überwiegend lerner- und alltagsorientierten Phasen kommunikativer und interkultureller Kompetenz. Letztere ist gegenwärtig noch Gegenstand und Ziel landeskundlicher Praxis der Fremdsprachenvermittlung, wobei das sprachinhärente Verständnis der Landeskunde durch eine lernerspezifische, interkulturelle

---

[13] Robert Picht: Vergleichen und Verstehen. Lehr- und Forschungsaufgaben einer transnationalen Landeskunde. In: Jahrbuch Deutsch als Fremdsprache 6 (1980), S. 85-88.

[14] Andreas Deutschmann: Überlegungen zur Landeskundeplanung im Fach Deutsch als Fremdsprache. In: Einführung in das Studium des Faches Deutsch als Fremdsprache. Hrsg. von Rolf Ehnert. Frankfurt/M. 1982, S. 223-274.

[15] Paul Mog: Das Tübinger Modell einer integrativen Deutschlandkunde. In: Info DaF 16 (1989), H. 2, S. 269-275.

[16] Die Deutschen in ihrer Welt. Tübinger Modell einer integrativen Landeskunde. Hrsg. von Paul Mog (in Zusammenarbeit mit Hans-Joachim Althaus). Berlin/München 1992.

[17] Koreik, Deutschlandstudien [wie Anm. 7].

[18] Alois Wierlacher: Kulturwissenschaftliche Xenologie. Ausgangslage, Leitbegriffe und Problemfelder. In: Kulturthema Fremdheit. Leitbegriffe und Problemfelder kulturwissenschaftlicher Fremdheitsforschung. Mit einer Forschungsbibliographie von Corinna Albrecht et al. Hrsg. von Alois Wierlacher. München 1993.

[19] Wormer, Landeskunde als Wissenschaft [wie Anm. 6].

[20] Altmayer, Kultur [wie Anm. 5], insbesondere S. 28-35.

[21] Einen Überblick bietet u.a. Wormer, Landeskunde als Wissenschaft [wie Anm. 6], S. 435ff.

sowie sach-, problem- und themenorientierte Konzeption der Landeskundevermittlung, bisweilen als „angewandte Kulturwissenschaft"[22] tituliert (Stichwörter: Hermeneutik, Mentalitäten, kulturelles Gedächtnis, Kulturanthropologie), ersetzt wurde.

Zeitgenössische, wissenschaftsbasierte Landeskunde in Deutsch als Fremdsprache trägt genuin die Fremdperspektive in sich und strebt damit nie wie auch immer geartete Insellösungen, sondern transdisziplinäres und transkulturelles Miteinander an. In diesem Zusammenhang drängt sich daher die Frage auf, in welchem disziplinären Umfeld die Landeskunde deutschsprachiger Länder und Regionen steht. In einem nächsten Schritt soll sie daher in ihrer Entwicklung exemplarisch mit landeskundlichen Entwicklungen in Anglistik und Romanistik gespiegelt werden.

Angeknüpft wird dabei an die oben bereits erwähnte erste wissenschaftsorientierte Phase der Landeskunde deutschsprachiger Länder und Regionen. Die fehlende eigene wissenschaftliche Forschung und die Frage, nach welchen Methoden in der wissenschaftlichen Landeskunde mit dem Ziel genuin landeskundlicher Erkenntnisgewinnung und Inhaltsgenerierung vorzugehen sei, führte nach der Einsicht in den Umstand, dass ein Landeskundewissenschaftler nicht Spezialist in einer Vielzahl von Disziplinen sein kann, sehr rasch zu einer Anlehnung an bestehende Wissenschaften. Glaubte man sich so auf der sicheren, weil wissenschaftlichen Seite und sprach man ungewollt decouvrierend von sogenannten *Bezugswissenschaften*, so geriet zunächst nicht in den analytischen Blick, dass jene Wissenschaften naturgemäß keine ursprünglich xenologisch-landeskundlichen, sondern eigene, fachimmanente Fragestellungen bearbeiteten und daher auch ganz fachspezifische Methoden zur Erkenntnisgewinnung bis hin zu einer häufig sehr eigenen Fachsprache entwickelten und anwendeten. Demzufolge standen Erkenntnisse der verschiedensten Disziplinen für die Landeskunde unverbunden nebeneinander.

Altmayer[23] macht in der Landeskunde im wesentlichen zwei Wege des Umgangs mit den Bezugswissenschaften aus: zum einen eine Orientierung an einer Art Leitwissenschaft; als eine solche wird am häufigsten die Sozialwissenschaft, etwa unter Einschluss der Politikwissenschaft, betrach-

---

[22] Reiner Veeck, Ludwig Linsmayer: Geschichte und Konzepte der Landeskunde. In: Deutsch als Fremdsprache. Ein internationales Handbuch. Hrsg. von Gerhard Helbig, Lutz Götze, Gert Henrici, Hans-Jürgen Krumm. 2. Halbband. Berlin/New York 2001. S. 1160-1168; hier S. 1165.
[23] Altmayer, Kultur [wie Anm. 5], S. 17ff.

tet, aber auch die neuere Kulturanthropologie, die Geographie sowie die Geschichtswissenschaft zählen dazu. Zum anderen hebt er leitwissenschaftskritische interdisziplinäre Ansätze hervor, die „theoretisch eine gewisse Eigenständigkeit landeskundlicher Fragestellungen"[24] annehmen. Vertreter der ersten Gruppe sind in der Tat Hans Manfred Bock mit seiner in Analogie zu den US-amerikanischen comparative politics entwickelten Vorstellung einer „sozialwissenschaftlichen Länderkomparatistik"[25], Keller mit Vorschlägen für eine politische Kulturforschung[26], Koreik in seiner Orientierung an der Geschichtswissenschaft[27] und etwa Buchholt mit seinen Ausführungen zu einer dreifach aufgefächerten Sozial-, Wirtschafts- und Kulturgeographie.[28] Zu den Vertretern von leitwissenschaftkritischen und auf Kooperation verschiedener Wissenschaften setzenden integrativen Ansätze zählt Altmayer Delmas / Vorderwülbeke[29], Mog[30], Mog / Althaus[31], Wierlacher[32] und Wormer.[33] Eine eigenständige landeskundliche Fragestellung ist bei Delmas / Vorderwülbeke zumindest denkbar, wenn sie „ein wissenschaftlich begründetes Herangehen an sorgfältig auszuwählende Informationen verschiedener relevanter Disziplinen"[34] postulieren. Unter Anwendung welcher wissenschaftlichen Methoden sich dann aber ein „System der Beschreibung ‚deutscher' Wirklichkeit [...] ablesen läßt"[35], darauf findet sich bei Delmas / Vorderwülbeke keine befriedigende Ant-

---

[24] Ebd., S. 18.
[25] Hans Manfred Bock: Landeskunde und sozialwissenschaftlicher Ländervergleich. In: Jahrbuch Deutsch als Fremdsprache 6 (1980), S. 149-160.
[26] Thomas Keller: Deutsch-französische Ungleichzeitigkeiten. Zur Kontrastierung soziokultureller Entwicklungen im Landeskunde-Unterricht. In: Info DaF 16 (1989), H. 2, S. 244-268.
[27] Koreik, Deutschlandstudien [wie Anm. 7] und Uwe Koreik: Geschichte und Landeskunde. In: Deutsch als Fremdsprache [wie Anm. 22], S. 1273-1278.
[28] Helmut Buchholt: Sozial-, Wirtschafts- und Kulturgeographie und Landeskunde. In: ebd., S. 1278-1285.
[29] Hartmut Delmas, Klaus Vorderwülbeke: Landeskunde. In: Einführung in das Studium des Faches Deutsch als Fremdsprache. Handreichungen für den Studienbeginn. Hrsg. von Rolf Ehnert. Frankfurt/M. u.a. ²1989, S. 159-196.
[30] Mog, Modell [wie Anm. 15].
[31] Mog / Althaus, Die Deutschen [wie Anm. 16].
[32] Alois Wierlacher: Landeskunde als Landesstudien. In: Handbuch interkulturelle Germanistik. Hrsg. von Alois Wierlacher, Andrea Bogner. Stuttgart/Weimar 2003, S. 504-513.
[33] Wormer, Landeskunde als Wissenschaft [wie Anm. 6].
[34] Delmas, Vorderwülbeke: Landeskunde, [wie Anm. 29], S. 178.
[35] Ebd.

wort, was Altmayer „ein Sammelsurium mehr oder weniger zufällig zusammen getragener Erkenntnisse anderer Disziplinen"[36] nicht ausschließen lässt. Eine „integrative Zusammenarbeit gleichberechtigter Disziplinen"[37] strebte das *Tübinger Modell einer integrativen Landeskunde* von Mog / Althaus an. In dem von der Robert-Bosch-Stiftung geförderten Projekt fanden sich in den 1980er Jahren erstmals Vertreter verschiedener Disziplinen zum Austausch zusammen. In einem Gesprächskreis ging es indessen nicht um gemeinsame Forschung zu einer übergreifenden Fragestellung, sondern um die gemeinsame Konzeption der Kapitel „einer deutschlandkundlichen Gesamtdarstellung", was Altmayer kritisch kommentiert: „Es fehlt die organisierende Mitte einer gemeinsamen Fragestellung, die aus dem additiven Nebeneinander von Grundmustern deutscher Mentalität, sozialen Gegebenheiten und historischen und politischen Strukturen ein tatsächlich integratives Modell gemacht hätte."[38] Wierlacher hat, aus der germanistischen Literaturwissenschaft kommend, mit einer interkulturellen Germanistik eine Ausgründung aus der Germanistik heraus unternommen. Landeskunde will er als Landesstudien einerseits an Kulturstandards, andererseits an den bekannten landeskundlichen Themen Geographie, Recht, Geschichte, Alltag und Mentalitäten etc. orientiert und methodisch in einem essayistischen Vorgehen realisiert wissen, welches Essayistik zu „kulturwissenschaftlicher Prosa"[39] weiterentwickle. Er nimmt angesichts der Wertungsproblematik von wissenschaftlicher Wahrheitssuche Zuflucht zur Essayistik und versteht forschungsorientierte Begegnungen mit fremden Kulturen als Projekt („Perspektivbindung von Interpretationen"[40], Wissenschaften lieferten keine überzeitlichen Wahrheiten mehr, sondern verblieben bei Hypothesen). Für Altmayer ist Essayistik „eine *Darstellungsform* literarischer, philosophischer oder wissenschaftlicher Prosa, sie ist keine Methode wissenschaftlicher *Erkenntnisgewinnung*".[41] Und so schränkt er die Bedeutung von Wierlachers Landesstudienkonzept auf einen Vermittlungsaspekt in der akademischen Lehre ein. Er sieht in ihm „die *Vermittlung*

---

[36] Altmayer, Kultur [wie Anm. 5], S. 18.
[37] Mog, Modell [wie Anm. 15], S. 270.
[38] Altmayer, Kultur [wie Anm. 5], S. 18.
[39] Wierlacher, Landeskunde [wie Anm. 32], S. 507.
[40] Ebd.
[41] Altmayer, Kultur [wie Anm. 5], S. 19.

des vorliegenden und von anderen Fächern und Disziplinen bereit gestellten Wissens im Rahmen der akademischen Lehre".[42]

Auch Wormer[43] vertritt einen integrativen Ansatz; dieser hat eine doppelte Perspektive: Integration von Partnerwissenschaften unter einer genuin landeskundlich-xenologischen Fragestellung in der Weise wissenschaftlicher Erkenntnisgewinnung und Integration von Kulturen im Sinne situativ-kooperativen Kulturaustauschs und -ausbaus (z.B. Europa – Asien, Europa – Südamerika).

Altmayer[44] vermag weder unter den im weitesten Sinn sozialwissenschaftlich orientierten Ansätzen noch unter den integrativen Ansätzen von Delmas / Vorderwülbeke bis hin zu Wierlacher ein geeignetes Konzept einer eigenständigen wissenschaftlichen Landeskundeforschung zu erkennen. Für ihn ergeben sich die entscheidenden wissenschaftlichen Fragestellungen aus der Praxis des Deutsch-als-Fremdsprache-Unterrichts; er sieht einen Lösungsweg in einem Konzept kulturwissenschaftlicher Forschung der Landeskunde: diese „konstituiert sich nicht so sehr über ihre Forschungsgegenstände, sondern vorrangig über ihre praktischen, d.h. an der Praxis und ihren Zielen des ‚landeskundlichen' Unterrichts orientierten Erkenntnisinteressen".[45] Entsprechend ist Landeskunde für Altmayer nicht länger Landeskunde, sondern „Kulturwissenschaft als transdisziplinäre Forschungspraxis"[46].

Im Vergleich zu Deutsch als Fremdsprache kann die Anglistik geradezu als Ursprungsort landeskundlich-kulturwissenschaftlicher Neuorientierung gelten. Als in DaF das erste Lehrwerk herauskam, entwickelten sich gerade die British Cultural Studies am Centre for Contemporary Cultural Studies der Universität Birmingham. Gab es in dem Lehrwerk *Deutsche Sprachlehre für Ausländer,* wenn überhaupt, eine sprachimmanente Landeskunde, so wurde in England zumindest das Desiderat landeskundlicher Studien gese-

---

[42] Ebd.
[43] U.a. in Wormer, Landeskunde als Wissenschaft [wie Anm. 6]; Jörg Wormer: Zu Theorie und Praxis transkultureller Landeskunde. In: Transkulturalität im europäisch-islamischen Dialog. Hrsg. von Jörg Wormer (zus. mit Jörg Roche). Berlin 2007, S. 47-70; Jörg Wormer: Transkulturelle Kompetenz und Landeskunde. Chancen der deutschen Sprache im 21. Jahrhundert – aufgezeigt am Beispiel einer wissenschaftlichen Landeskunde. In: Zeitschrift für interkulturellen Fremdsprachenunterricht 12 (2007) 2, 20 S. [Online-Zeitschrift].
[44] Altmayer, Kultur [wie Anm. 5].
[45] Ebd., S. 15.
[46] Ebd., S. 18.

hen und ansatzweise bearbeitet. Wie immer man zu den ersten, aus der Erwachsenenbildung heraus entwickelten Cultural Studies stehen mag, es bleibt festzuhalten, dass solche Ansätze erst rund fünfzehn Jahre später auf dem europäischen Festland entwickelt wurden. Und im Rückblick kommt man nicht um die Feststellung herum, dass die relative Eigenständigkeit der Cultural Studies erst mit einem halben Jahrhundert Verspätung in Deutschland Wirklichkeit geworden ist.[47]

Die Tradition der mit der Birmingham-School der Cultural Studies verbundenen ideellen und methodischen Neuorientierung wurde in der deutschen Anglistik – bis auf Aspekte bei Kramer – nicht wirklich aufgegriffen. Vielmehr wurden ihr mangelnde theoretische Durchdringung, eine zu große Heterogenität der internen Richtungen, ein marxistisches Gesellschaftsmodell, einseitige ideologische Interessen und nicht zuletzt eine Perspektivenverengung auf Klasse, Rasse und Geschlechter vorgehalten (s. etwa Nünning[48]). Der aus der anglistischen Literaturwissenschaft kommende Ansgar Nünning plädiert demgegenüber für eine stärkere methodische Rückbindung der Landeskunde an die Literaturwissenschaft auf Basis konstruktivistischer Wirklichkeitsauffassung; sinnvoll sei das Ansetzen eines semioti-

---

[47] Und immer noch ist die disziplinäre Anbindung an den Orten Quelle von Forschungshemmnissen, wo noch keine institutionalisierte Transdisziplinarität Alltag landeskundlicher Forschung ist. Eine Anbindung einer im weitesten Sinn kulturwissenschaftlichen Professur an eine Fremdsprachenphilologie bringt die Landeskunde einen entscheidenden Schritt weiter. Ein notwendiger weiterer Schritt ist aber erst dann getan, wenn diese Professur in einer Fakultät angesiedelt ist, in der Sprach- und Literaturwissenschaften sowie Sozial- und Kulturwissenschaften unter einem Forschungsdach miteinander verbunden sind. Dann können als Einzelfächer bestehen bleibende Disziplinen in Forschungsclustern methodisch abgestimmt zusammenwirken – nach dem Muster der französischen Centres Nationaux des Recherches Scientifiques etwa als regionale landeskundliche Forschungsstätten, Centres Régionaux des Recherches Scientifiques. Für die wissenschaftliche Landeskunde bedeutete dies den Ausgang aus dem Dilettantismus, das Fach DaF wäre weiterhin philologisch, aber eben auch kulturwissenschaftlich und überhaupt erstmals wissenschaftlich und institutionell adäquat eingebunden, dies in der internationalen Wahrnehmung aber sicher um den Preis einer Bedeutungsdifferenzierung des Begriffs Cultural Studies: Selbst wenn der in deutscher Sprache erstaunlich lebensfähige Begriff Landeskunde auch für eine institutionalisierte wissenschaftliche Landeskunde stünde, würde er international mit einiger Wahrscheinlichkeit eher unter Cultural Studies firmieren, es sei denn, es entstünden in der nächsten Zeit aufsehenerregende Untersuchungen, die eine genuin landeskundliche Perspektive trennscharf von allen bisherigen Cultural-Studies-Ansätzen abheben würden und für deren differenzierte Wahrnehmung eine Art *brand*, eine Marke Landeskunde sich auch international durchsetzte.

[48] Nünning, Literatur [wie Anm. 10].

schen Kulturbegriffes unter Rückgriff auf Mentalitätsgeschichte und den Ansatz des kulturellen Gedächtnisses (A. Assmann[49], J. Assmann[50]). Folgerichtig konzentriert sich Nünning auf die Quellensorte Text und auf bewährte literaturwissenschaftliche Analysemethoden (u.a. Bildforschung, Metaphorologie, Toposforschung, Semiotik, Narratologie).

Eine Überschreitung der Literaturwissenschaft in Richtung eines ganz eigenen Verständnisses von *Kultur und Kulturwissenschaft*[51] hat der kürzlich emeritierte Passauer Amerikanist Klaus Hansen unternommen und sein Verständnis interdisziplinärer Kulturwissenschaft in einem einschlägigen Studiengang (Diplom-Kulturwirt) realisiert.[52] Den American Studies gewinnt er nicht viel ab, sie seien additiv, ihre Interdisziplinarität führe zu thematischer, inhaltlicher und methodischer Fragmentierung, und der Gegenstandsbereich USA sei nur noch schwer erkennbar und von fragmentierten Themen überdeckt. Er hebt die Arbitrarität der Entstehung wissenschaftlicher Fächer hervor, die mehr gesellschaftliche Institution als Wirklichkeitsausschnitt seien. In guter Alexander von Humboldtscher Tradition hebt Hansen auf das Ganze, in seinem Fall die Ganzheit der USA, ab. Er fordert eine eigenständige Disziplin Kulturwissenschaft, die die Gesamtheit eines Kulturraumes thematisch bearbeitet. Hinsichtlich des Gegenstandes nimmt er Anleihen bei der Ethnologie, wenn er die in einem Kulturraum typischen Lebensweisen, den jeweiligen way of life, als Gegenstand seiner Kulturwissenschaft postuliert. In einem früheren Werk hat Hansen von „nationaltypischen kollektiven Gewohnheiten" gesprochen[53], was ihn terminologisch und thematisch in eine von ihm nicht beabsichtigte Nähe zu Hofstede[54] und Alexander Thomas[55] bringt, deren sehr weit gehende Dicho-

---

[49] Aleida Assmann: Erinnerungsräume. Formen und Wandlungen des kulturellen Gedächtnisses. München 1999; Aleida Assmann: Einführung in die Kulturwissenschaft. Grundbegriffe, Themen, Fragestellungen. Berlin 2006.
[50] Jan Assmann: Das kulturelle Gedächtnis. Schrift, Erinnerung und politische Identität in frühen Hochkulturen. München ⁶2007.
[51] Hansen, Herausforderung [wie Anm. 11].
[52] Klaus P. Hansen: Interdisziplinäre Kulturwissenschaft. Essayistische Überlegungen anhand des Passauer Studiengangs „Diplom-Kulturwirt". In: Jahrbuch Deutsch als Fremdsprache 25 (1999), S. 289-297.
[53] Hansen, Herausforderung [wie Anm. 11], S. 101.
[54] Geert Hofstede: Lokales Denken, globales Handeln. Kulturen, Zusammenarbeit und Management. München 1997.
[55] Alexander Thomas: Handlungswirksamkeit von Kulturstandards. Beispiele aus deutsch-amerikanischen und deutsch-chinesischen Interaktionen. In: Kulturunterschie-

tomisierungen bzw. Kulturstandardannahmen seinen eigenen methodologisch individualistischen Grundannahmen zuwiderlaufen. Im Vergleich etwa zu Nünning verzichtet Hansen auf eine philologische Fundierung der Landeskunde. Er sieht in ihr eine weitgehend noch zu schaffende eigenständige Disziplin Kulturwissenschaft. Auf Basis und in Betonung der didaktischen Seite von Englisch als Fremdsprache sowie einer Anlehnung an die frühen kulturanalytischen britischen Cultural Studies macht es sich Kramer 1997 zum Ziel, die anglistische Landeskunde in den Rang einer kulturwissenschaftlichen Disziplin zu erheben.[56] Nünnings Kulturwissenschaftsverständnis ist literaturwissenschaftlich, das von Hansen eher ethnologisch-sozialwissenschaftlich, Kramer postuliert eine notwendige „Etablierung eines kulturwissenschaftlichen Bereichs in der Anglistik neben Linguistik und Literaturwissenschaft".[57] Methodisch sollen in ihm „semiotische und nicht-semiotische Verfahrensweisen integriert, [und] die Analyse von fremder (und eigener) Kultur (und Gesellschaft) miteinander"[58] verbunden werden. Was die Konzepte von Hansen und Kramer verbindet, ist ihre Argumentation aus Bedürfnissen der akademischen Lehre und zu verändernder Studiengänge heraus; bei Hansen mit dem Ziel adäquater kulturwissenschaftlicher Forschung, bei Kramer in der Orientierung an veränderten Anforderungen des Arbeitsmarktes. Kramer sieht Erkenntnisse der Cultural Studies als dem Fremdsprachenunterricht vorgeordnet und diesen legitimierend an.[59] Im Fremdsprachenunterricht gehe es dann um die Vermittlung einer mehrgliedrigen interkulturellen Kompetenz aus a) exemplarischem Sachwissen, b) sach- und situationenbezogenen kommunikativen Strategien, c) Verhaltenssegmenten wie Sensibilität und Toleranz und d) Erfahrungen mit fremden Kulturen. Kramer hebt in seinem Konzept auf Fachspezifik, Fremdes und Eigenes kontrastierendes Kulturlernen, Methoden des Wissenserwerbs und Kompetenz in der interkulturellen Begegnung ab. In dieser an den Lehr- / Lernvorgängen orientierten Position zeigt sich eine gewisse Nähe zu dem Ansatz einer kulturwissenschaftlichen Forschungspraxis von Altmayer. Was bei Kramer offenbleibt, ist die fachwissenschaftliche Seite mit Fragen wie: Gibt es genuin landeskundliche Forschungsthemen, oder

---

de. Interdisziplinäre Konzepte zu kollektiven Identitäten und Mentalitäten. Hrsg. von Heinz Hahn. Frankfurt/M. 1999. S. 109-120.
[56] Kramer, Studies [wie Anm. 12].
[57] Ebd., S. 48.
[58] Ebd. S. 59.
[59] Ebd., S. 145.

hat man sich ein landeskundliches Wissenskonglomerat additiver Erkenntnisse aus unterschiedlichen kulturwissenschaftlichen Disziplinen vorzustellen? Wie sollen die kulturwissenschaftlichen Erkenntnisse genau gewonnen werden: Sind eigene Methoden zu ermitteln, oder soll auf einen Methodeneklektizismus zurückgegriffen werden? Wie soll die Kooperation mit anderen Kulturwissenschaften konkret aussehen?

Was in alphabetischer Reihung Hansen, Kramer und Nünning für die Anglistik, Altmayer, Koreik, Wierlacher und Wormer für Deutsch als Fremdsprache, das sind Höhne / Kolboom und Lüsebrink für die Romanistik. Höhne / Kolboom haben 1982 die landeskundlichen Ergebnisse des Romanistentages 1981 in dem Band *Von der Landeskunde zur Landeswissenschaft* zusammengetragen.[60] Im wesentlichen auf dem Diskussionsstand der 1970er Jahre – ein genuin landeskundlich-xenologischer Forschungsgegenstand ist noch nicht ermittelt, ein Konsens über geeignete Forschungsmethoden liegt in weiter Ferne –, aber in der realistischen Einschätzung, dass aus der Landeskunde eine Wissenschaft werden muss, soll sie der Sprach- und Literaturwissenschaft vergleichbare Geltung erlangen, schlagen Höhne und Kolboom vor, zunächst einmal die Ebenen zu trennen: In der Fremdsprachenvermittlung soll von Landeskunde, an den Universitäten von Landeswissenschaften die Rede sein; deren Konstituierung und Institutionalisierung gelte es voranzutreiben. Es gehe darum, mit der Landeswissenschaft das landeskundliche Dilettieren zu mildern – Landeskundler sind fachlich über Nebenfächer ausgewiesen, darüber hinaus dilettierten sie. Zu einer wissenschaftssystematischen Konturierung der Landeswissenschaften sind Höhne und Kolboom nicht vorgedrungen. Sie sehen sie indessen in den „Neuphilologien" verankert und gehen von einer Vielfalt möglicher Ansätze, Methoden und Erkenntnisinteressen aus.[61] Dass gerade eine xenologische Perspektive auf Gegenstände der Landeskunde eigentümlich ist und sie damit von davon differenten Perspektiven der ‚Bezugswissenschaften' auf deren Gegenstände abhebt und für sich genommen Relevanz und Geltung verschafft, haben sie auch nicht im Blick. Es sollte den 1990er Jahren und hier speziell Lüsebrink vorbehalten sein, kulturwissenschaftliche Konzepte innerhalb der romanischen Philologie voranzubringen. Was für den Amerikanisten Hansen eminent wichtig ist, nämlich ein Denken in einem übergeordneten Kulturraum, das trifft bei Lüsebrink auf sehr kritische Einwendungen. Er spricht sich vehement gegen jegliche Art von Totalitätsanspruch der

---

[60] Höhne, Kolboom, Landeskunde [wie Anm. 8].
[61] Ebd., S. 9.

gerade in der Romanistik traditionell verbreiteten kulturraumorientierten Landeskunde aus. Von dieser solle man sich zugunsten einer kulturwissenschaftlich orientierten romanischen Landeskunde verabschieden, deren Gegenstand „die Gesamtheit der symbolischen Kommunikationsformen und -medien einer Gesellschaft"[62] sei. Neben diesen semiotischen und medialen Aspekten hebt Lüsebrink auch anthropologische Aspekte seines Kulturwissenschaftsverständnisses hervor. Er strebt einerseits eine Öffnung der Literaturwissenschaft hin zu Phänomenen der Populär- und Massenkultur an, ihm zufolge bleibt aber der Gegenstand der romanischen Landeskunde „textbezogen".[63] Methodisch bleibt er damit im wesentlichen im Feld literaturwissenschaftlicher Ansätze, er spricht sich indessen aber auch für die Berücksichtigung diskursanalytischer Ansätze aus.[64] Nicht zuletzt Hansen hat Lüsebrinks Vorstellungen einer kulturwissenschaftlichen romanischen Landeskunde als thematisch randständig und Fächergrenzen als zu wenig in Frage stellend kritisiert.[65] In der Tat bleibt trotz einer Vielzahl anregender konzeptioneller Überlegungen bei Lüsebrink der Eindruck des Verhaftetbleibens in der Literaturwissenschaft, wenngleich an deren Rändern, abzulesen, etwa an seiner Beschäftigung mit Chansons, Werbetexten, Comics, faits divers, eben all den auch aus dem Französischunterricht seit den 1970er Jahren bekannten und vielfach als Randerscheinungen charakterisierten Phänomenen.

Nach der vergleichenden Darstellung der Entwicklungen von Landeskunde in den drei Fremdsprachenphilologien Deutsch, Englisch und Französisch als Fremdsprache vor dem Hintergrund der 1991 postulierten zukünftigen Rolle der Geisteswissenschaften als Kulturwissenschaften bleibt in einem nächsten Schritt zu fragen, ob sich Typen von landeskundlichen Konzeptionen aufzeigen lassen und in welchem Verhältnis diese ggf. zu Typen von Kulturwissenschaft bzw. Kulturwissenschaften stehen.

---

[62] Hans-Jürgen Lüsebrink: Französische Kulturwissenschaft und interkulturelle Kommunikation. Theorieansätze, Gegenstandsbereiche, Forschungsperspektiven. In: Landeskunde und Kulturwissenschaft in der Romanistik. Theorieansätze, Unterrichtsmodelle, Forschungsperspektiven. Hrsg. von Hans-Jürgen Lüsebrink und Dorothee Röseberg. Tübingen 1995, S. 23-39; hier S. 25.
[63] Lüsebrink, Landeskunde [wie Anm. 9], S. 86.
[64] Lüsebrink, Kulturwissenschaft [wie Anm. 62].
[65] Hansen, Herausforderung [wie Anm. 11].

3. Zum Verhältnis von Landeskunde und Kulturwissenschaft(en)

Historisch am Beispiel landeskundlicher Konzepte betrachtet, hat das vorige Kapitel drei Typen landeskundlichen Selbstverständnisses sichtbar gemacht. Zum einen den Typ „vermittlungsorientierte Landeskunde", zum anderen den Typ „wissenschaftsorientierte Landeskunde" und schließlich den Typ „landeskundliche Kulturwissenschaft" (pointierter formuliert „Kulturwissenschaft statt Landeskunde" bzw. „Landeskunde als Kulturwissenschaft").

Die vermittlungsorientierte Landeskunde geht auf Sprachvermittlungskonzepte des 19. Jahrhunderts zurück. Nach dem Zweiten Weltkrieg ist sie Teil des in den fünfziger Jahren des 20. Jahrhunderts in internationalem Maßstab verstärkt wieder einsetzenden Fremdsprachenunterrichts und rekonstruierbar u.a. anhand der seither verwendeten Lehrwerke. Zunächst primär sprach-, dann fakten- und schließlich bis heute lernerorientiert, ist sie bekannt geworden unter den zum Teil Methoden bezeichnenden Denominationen sprachinhärente Landeskunde, Institutionenkunde, Landeskunde kommunikativer und interkultureller Kompetenz. Sie hat ihren Raum im wesentlichen im Fremdsprachenunterricht, seit einigen Jahrzehnten ist sie ihrerseits Gegenstand universitärer Lehr- und Lernforschung; schließlich gehört sie seit Beginn dieses Jahrhunderts verstärkt zur lebensweltlichen Basis universitärer Landeskundeforschung und ist, philosophisch ausgedrückt, mit deren Seinsgrund. Landeskunde als Teil des Fremdsprachenunterrichts ist und bleibt indes Vermittlung, auch wenn sie zukünftig viel stärker wissenschaftsbasiert geschehen kann. Und damit ist sie nicht mehr und nicht weniger als ein Praxisphänomen der Fremdsprachenphilologie, die wiederum seit etwa Anfang der neunziger Jahre des 20. Jahrhunderts von manchen als angewandte Kulturwissenschaft neu konzipiert wird.[66]

Parallel zur kommunikativ ausgerichteten Landeskundevermittlung entwickelt sich angesichts eines fehlenden fachlichen Forschungshintergrundes der Typus der wissenschaftsorientierten Landeskunde. Forschungsansätze, Theoreme und Theorien einer solchen Landeskunde haben in unterschiedlichem Ausarbeitungsgrad, analytischer Tiefe und damit einhergehenden bzw. postulierten Studien vorgelegt: für Deutsch als Fremdsprache Picht, Deutschmann, Bock, Delmas / Vorderwülbeke, Mog / Althaus, Koreik, Wierlacher, Altmayer und Wormer, in der Anglistik u.a. Nünning, Hansen und Kramer sowie Höhne / Kolboom und Lüsebrink in der Romanistik.

---

[66] Vgl. Veeck / Linsmayer, Geschichte [wie Anm. 22], S. 1165ff.

Altmayer hat die meisten Forschungsansätze für DaF um die Pole Leitwissenschaftsorientierung und interdisziplinär-integrative Orientierung gruppiert. Soziologie, Politikwissenschaft, Anthropologie, Geographie und Geschichte sind als Bezugswissenschaften einer forschungsorientierten Landeskunde ins Spiel gebracht worden (u.a. Deutschmann, Bock, Koreik). Leitwissenschaftskritische, eher interdisziplinär-integrative Ansätze sieht Altmayer bei Delmas / Vorderwülbeke, Mog / Althaus, Wierlacher (obwohl Wierlacher Landeskunde als Landesstudien letztlich innerhalb einer interkulturellen Germanistik „einer gegenwartsbezogenen Kulturanthropologie der deutschsprachigen Länder" zuordnet[67]) und Wormer. Alle genannten Forschungsansätze in DaF operieren mit dem terminologisch zentralen Oberbegriff Landeskunde, wenn auch seit den neunziger Jahren des vergangenen Jahrhunderts mit näheren Bestimmungen wie wissenschaftlich, mitunter auch kulturwissenschaftlich (z.B. „Kulturwissenschaftliche Landeskunde"[68]). Entwickelt DaF bis dahin Skizzen und Konzepte einer wissenschaftlichen „Landeskunde", so nimmt Altmayer einen folgenreichen Perspektivenwechsel vor: Er schlägt wie Wierlacher vor ihm vor („Landesstudien statt Landeskunde"[69]), die Landeskunde zu verabschieden. An ihre Stelle solle eine „Kulturwissenschaft als transdisziplinäre Forschungspraxis"[70] aus der Lernerperspektive statt aus der Perspektive der Gegenstandsorientierung treten. In DaF finden sich damit in der ersten Dekade des 21. Jahrhunderts die Grundlegung einer „Landeskunde als Wissenschaft" (Querschnittsdisziplin, Wormer) wie auch die kulturwissenschaftlich orientierten Konzepte „Landesstudien" (Wierlacher) und „Kulturwissenschaft als Forschungspraxis" (Altmayer) als hauptsächliche Forschungsperspektiven.

Während in DaF der Anspruch *Kulturwissenschaft statt Landeskunde* chronologisch die jüngste Perspektive bildet, dominiert sie mit einer Ausnahme (Höhne / Kolboom) Romanistik und Anglistik. Für die deutsche Anglistik ist dies wenig verwunderlich, kann sie doch auf die zumindest begrifflich nahen britischen Cultural Studies Bezug nehmen, was, und das ist auffällig, Kramer als einziger Anglist tut. Er geht von der Englisch-als-

---

[67] Wierlacher, Landeskunde [wie Anm. 32], S. 507.
[68] So etwa Wierlacher und Bogner in ihrer Kapiteldenomination „4.3 Kulturwissenschaftliche Landeskunde" in ihrem Großkapitel „4. Komponenten interkultureller Germanistik". In: Handbuch interkulturelle Germanistik [wie Anm. 32], S. VI.
[69] Wierlacher, Landeskunde [wie Anm. 32], S. 505.
[70] Altmayer, Kultur [wie Anm. 5], S. 28.

Fremdsprache-Vermittlung aus und will ausdrücklich mit Blick auf veränderte Arbeitsmarktanforderungen die anglistische Landeskunde in eine kulturwissenschaftliche Disziplin überführen. Ebenfalls mit Blick auf den Arbeitsmarkt (vgl. die Einrichtung eines einschlägigen Studienganges an der Universität Passau), aber mit dem Hauptfokus Forschung betreibt Hansen kulturräumliche Landeskunde explizit als Kulturwissenschaft[71] nachdem er bereits 1993 *Die Herausforderung der Landeskunde durch die moderne Kulturtheorie* beschrieben und einen „stillen Paradigmenwechsel in den Geisteswissenschaften"[72] ausgemacht hatte. Eine „anglistische Kulturwissenschaft" skizziert Nünning 1995[73] und legt 2003 *Konzepte der Kulturwissenschaften* vor.[74] Nünning leitet seine Form einer anglistischen Kulturwissenschaft aus einer konstruktivistisch und semiotisch geprägten, auf der anglistischen Literaturwissenschaft fußenden Landeskunde ab.

Die weitere Entwicklung der Landeskunde in den Fremdsprachenphilologien sieht Lüsebrink – und auch er nimmt einen Terminologiewechsel vor – „im Verbund mit anderen Fächern zu einer interdisziplinären Fremdkulturwissenschaft".[75] Höhne / Kolboom dagegen skizzierten bekanntlich 1982 einen Weg von der Landeskunde zu neuphilologisch ausgerichteten Landeswissenschaften.

Der Typus *landeskundliche Kulturwissenschaft* schließlich kann aus dem Typus *wissenschaftsorientierte Landeskunde* hervorgehen. Er erfährt dabei eine inhaltlich zumindest partiell differente Fokussierung und eine neue terminologische Perspektivierung. Er kann aber auch aus den neuen Kulturwissenschaften hervorgehen und für eine der Kulturwissenschaften stehen, die aus der Sicht des neuen Kulturbegriffs früher wissenschaftssystematisch nur unzureichend mit dem Begriff Landeskunde umrissen war.

Im ersten Fall ergeben sich Logik und Evidenz bereits, wenn man die an Leitwissenschaften wie Soziologie, Anthropologie und Geschichte orientierten Wissenschaftskonzepte der Landeskunde in Betracht zieht und sich

---

[71] Klaus P. Hansen: Kultur und Kulturwissenschaft. Eine Einführung. Tübingen ³2003.
[72] Hansen, Herausforderung [wie Anm. 11]. Der Untertitel des von Hansen 1993 herausgegebenen Bandes weist bereits auf den genannten „stillen Paradigmenwechsel" hin.
[73] Nünning, Literatur [wie Anm. 10].
[74] Konzepte der Kulturwissenschaften. Theoretische Grundlagen – Ansätze – Perspektiven. Hrsg. von Ansgar und Vera Nünning. Stuttgart/Weimar 2003.
[75] Hans-Jürgen Lüsebrink: Landeskunde als Komponente der nichtgermanistischen Fremdsprachenphilologien in Deutschland. In: Handbuch interkulturelle Germanistik [wie Anm. 32], S. 487-493; hier S. 491.

vergegenwärtigt, dass die meisten dieser Leitwissenschaften an verschiedenen Orten institutionell bereits als Kulturwissenschaften figurieren. Der zweite Fall ist in der weiteren Entwicklung der Kulturwissenschaften kategorial bedeutsam, bis heute haben diese die Landeskunde jedoch noch nicht „für sich entdeckt". Dabei hätte es ein kulturwissenschaftlicher Verbund in der Hand, die bisher wenig zufriedenstellende fachliche Enge der Landeskunde aufzuheben.

Haben die an Leitwissenschaften orientierten wie die interdisziplinär-integrativen Konzeptionen weitgehend am Oberbegriff Landeskunde festgehalten, sind sie dem Typus wissenschaftsorientierte Landeskunde auch dann zuzuordnen, wenn sie sich im Zuge der Neubestimmung der Geisteswissenschaften als Kulturwissenschaften selbst seit den neunziger Jahren mit dem neuen Attribut *kulturwissenschaftlich* präsentiert haben. Dem dritten Typus *landeskundliche Kulturwissenschaft* in einem terminologisch strengeren Sinn sind die Konzepte von Altmayer und Hansen, mit Abstrichen auch die anglistischen Ansätze von Kramer und Nünning sowie der romanistische Ansatz von Lüsebrink zuzurechnen. Altmayer und Hansen verabschieden schlichtweg die Landeskunde und ersetzen sie durch Kulturwissenschaft mit einem Methodeneklektizismus aus den früheren Geisteswissenschaften. Hansen hatte zuerst eine Herausforderung der Landeskunde durch die moderne Kulturtheorie konstatiert und konsequent die Landeskunde dann nach einigen Jahren weiterer Forschung in Form einer interdisziplinären Kulturwissenschaft[76] bzw. noch näher bestimmt als *Kultur und Kulturwissenschaft*[77] neu präsentiert. Bei Kramer, Nünning und Lüsebrink hingegen scheint in den kulturwissenschaftlichen Konzepten noch zu sehr die Kategorie des Textes und damit eine literaturwissenschaftliche Grundorientierung durch, als dass diese dem dritten Typus zuzurechnen wären. Sie gehören demzufolge eher dem Typus „wissenschaftsorientierte Landeskunde", wenn nicht einem hier nicht näher beschriebenen Typus „kulturwissenschaftliche Literaturwissenschaft" an.

Zur Bestimmung des Verhältnisses zwischen Landeskunde und Kulturwissenschaft(en) ist neben einem Blick auf die Genese landeskundlicher Konzepte eine kurze Betrachtung kulturwissenschaftlicher Konzepte vonnöten. Die im vorigen herausgearbeitete Typologie „vermittlungsorientierte Landeskunde", „wissenschaftsorientierte Landeskunde" und „landeskundliche Kulturwissenschaft" soll zu diesem Zweck um die derzeit vieldiskutier-

---

[76] Hansen, Kulturwissenschaft [wie Anm. 52].
[77] Hansen, Kultur [wie Anm. 71].

ten Elemente „Kulturwissenschaft" und „Kulturwissenschaften" erweitert werden. Wurde im zweiten Abschnitt ansatzweise auf die Neubestimmung der Geisteswissenschaften als Kulturwissenschaften eingegangen und ist damit klar, dass Kulturwissenschaften ein vielgestaltiges Ensemble historisch und anthropologisch ausgerichteter modernisierter und nun meist transdisziplinärer Disziplinen der Geistes- und Sozialwissenschaften darstellen, die die Einzelfächer methodisch und inhaltlich überschreiten und in dem Fokus Kultur (statt früher Geist und Gesellschaft) konvergieren, so steht eine Skizzierung der Kulturwissenschaft noch aus. Was nun terminologisch erwartbar wäre, trifft gerade in diesem Fall nicht zu: Einzeldisziplinen des Sammelbegriffs „Kulturwissenschaften" heißen überwiegend nicht Kulturwissenschaft; sie tragen stattdessen meist ihre angestammten disziplinären Namen wie Soziologie, Geschichts- oder Literaturwissenschaft, wobei letztere beispielsweise auch bereits als eine, aber wiederum nicht *die* Kulturwissenschaft figuriert (z.B. bei Nünning, Kramer und Lüsebrink). Demgegenüber steht die singularische Bezeichnung besonders im deutschsprachigen Raum für ein Forschungsparadigma und für selbstreflexive und kulturkritische Bestrebungen in einer ganzen Reihe etablierter Disziplinen wie etwa Germanistik, Philosophie, Ethnologie, Kulturanthropologie, Geschichts- und Kunstwissenschaft um eine einheitliche neue Disziplin, die sich ebenfalls im Zuge der erwähnten Modernisierung der Geisteswissenschaften seit den achtziger Jahren des 20. Jahrhunderts entwickelt, aber auch Wurzeln in der Kulturwissenschaft zwischen 1871 und 1933 hat. „Kultur ist die Perspektive, die für die Beobachtung von ‚Kulturen' im Plural entwickelt wird. Ebendies ist das Definiens von Kultur*wissenschaft*".[78] Die zumindest genetische Nähe von Kulturwissenschaft zu den modernisierten geisteswissenschaftlichen Kulturwissenschaften wird auch aus dem folgenden Definitionsversuch deutlich: „Kulturwissenschaft erforscht die materielle und symbolische Dimension von Kulturen. Sie vereinigt die kulturellen Aspekte von Kunstwissenschaft, Literaturwissenschaft, Medienwissenschaft, Sprachwissenschaft, Philosophie, Theologie, Psychologie und Soziologie zu einem interdisziplinären Fach."[79] Als Unterscheidungsmerkmale wird für die Kulturwissenschaft verbucht: Sie verbinde in internationaler Perspektive die deutsche geisteswissenschaftliche

---

[78] Hartmut Böhme: Stufen der Reflexion. Die Kulturwissenschaften in der Kultur. In: Handbuch der Kulturwissenschaften. Bd. 2: Paradigmen und Disziplinen. Hrsg. von Friedrich Jaeger und Jürgen Straub. Stuttgart/Weimar 2004, S. 1-15; hier S. 11.
[79] Vgl. Wikipedia. Hhttp://de.wikipedia.org/wiki/KulturwissenschaftH (19.05.2008).

Tradition mit Elementen der auch politisch orientierten Cultural Studies wie auch politikferner Humanities, sie beziehe grundsätzlich alle Kulturphänomene und ihre Materialisierungen ein (Texte, Bilder, habitualisierte wie performative Akte, Rituale etc.), sie überschreite Grenzen im Bestreben, Eurozentrismus zu vermeiden, und sie verstehe im Sinne der Kultursemiotik Kultur als kontextuelles Symboluniversum.[80]

Böhmes Résumé, „die Aussichten der Kulturwissenschaften sind tatsächlich nicht rosig"[81] ist angesichts einer fehlenden disziplinären Matrix und bisher weitgehend ausgebliebener Institutionalisierung der Kulturwissenschaft in noch höherem Maße auf diese anwendbar. Denn sollte das Projekt Kulturwissenschaften scheitern, so blieben etablierte Disziplinen mit erweiterter Perspektive und Konvergenzpotential; sollte das Projekt Kulturwissenschaft scheitern, scheiterte der Versuch einer Disziplingründung.

Die Betrachtung der Genese von Wissenschaftskonzeptionen im Bereich von Landeskunde und Kulturwissenschaft(en) hat eine fünfteilige Typologie zutage gefördert, bei deren reiner Aufzählung eine nicht gegebene begriffliche Trennschärfe auffällt: *vermittlungsorientierte Landeskunde, wissenschaftsorientierte Landeskunde, landeskundliche Kulturwissenschaft, Kulturwissenschaft, Kulturwissenschaften*. Beim dritten landeskundlichen Typus taucht als leitendes Sinnkriterium der Begriff Kulturwissenschaft auf, jedoch nicht im Sinne der neuen Disziplin, sondern als nicht näher bestimmter Ensembleteil der Kulturwissenschaften. Unter inhaltlichen Gesichtspunkten zeigen sich Überschneidungen in Ideen, Erkenntnisinteressen, Methoden und Themen zwischen den Typen Kulturwissenschaft und Kulturwissenschaften einerseits und zwischen wissenschaftlichen Landeskundekonzepten und Kulturwissenschaft(en) andererseits. Gleichwohl handelt es sich bei der aus den Philologien kommenden wissenschaftlichen Landeskunde und den aus den Geistes- und Sozialwissenschaften kommenden Kulturwissenschaften nicht um intendierte disziplinäre Mehrfacherfindungen. Ähnlich gelagerte wissenschaftliche Erkenntnisinteressen und vergleichbare internationale Ausrichtungen kontrastieren mit unterschiedlichen Perspektivierungen. Auffallend ist die genuine Fremdperspektive wissenschaftlicher Landeskunde – mit einer disziplinären Matrix aus Erkenntnisinteresse am Eigenen und Fremden, Ideen, die als leitende Sinn- und Verstehenskriterien wirken, wissenschaftlichen Methoden, Erkenntnissen und

---

[80] Nach ebd.
[81] Böhme, Stufen [wie Anm. 78], S. 13.

deren Materialisierungen sowie deren Rückbindung an die Praxis transkulturellen Miteinanders – gegenüber den sehr differenten binnendisziplinären Perspektivierungen einzelner Geistes-, Sozial- bzw. Kulturwissenschaften. Im Anschluss an die Beschreibung der verbreiteten Termini und Konzepte von Landeskunde und Kulturwissenschaft(en) stellt sich angesichts der offen zutage getretenen semantischen, konzeptuellen und institutionellen Überschneidungen die Frage, in welchem Verhältnis die Begriffe und Konzepte zueinander stehen. Das Verhältnis von Landeskunde und Kulturwissenschaft(en) lässt sich indes nicht auf einen einfachen Nenner bringen. Weder bedingen die Konzepte hinter den Begriffen einander, noch stehen sie zueinander in Widerspruch. Landeskunde ist Teil eines weit über hundert Jahre alten philologischen Konzepts und hat in den letzten Jahren eine wissenschaftliche Grundlegung erfahren, auf der es gegenwärtig inhaltlich und institutionell aufzubauen gilt: fachlich durch transdisziplinäre und transkulturelle Untersuchungen, institutionell durch Gleichstellung von xenologischer Sprach-, Literatur- und Landeskundewissenschaft in den universitären Philologien. Kulturwissenschaft ist der Versuch einer Disziplingründung, die sich letztlich gegen das Fortleben des Hegelschen Geistbegriffs im Terminus „Geisteswissenschaften" verwahrt und sich statt dessen auf Kant beruft. Kulturwissenschaften schließlich sind – wie aufgezeigt werden konnte – im Zuge der kulturalistischen Wende[82] ein Ensemble transdisziplinär konzipierter, disziplinär institutionalisierter humanwissenschaftlicher, sprich geistes- und sozialwissenschaftlicher Einzelfächer, wobei der Ensemblegedanke so weit geht, naturwissenschaftlich geprägte Weltbilder als ebenfalls kulturbedingt auszuweisen. In einem ersten analytisch-explanativen Zugriff lassen sich, wie aus dem oben im einzelnen Beschriebenen hervorgeht, Wechselbeziehungen zwischen Landeskunde und Kulturwissenschaft(en) aufzeigen: Landeskunde etwa bedient sich philologischer wie kulturwissenschaftlicher Methoden, Kulturwissenschaften generieren für Landeskunde relevante Erkenntnisse, beide wissenschaftlichen Richtungen bearbeiten ähnliche Themen, wenngleich in verschiedenen Perspektiven etc. Lässt sich das Verhältnis zwischen Landeskunde und Kulturwissenschaft(en) als eines von Wechselbeziehungen umreißen, so

---

[82] Peter Janich: Kultur und Methode. Philosophie in einer wissenschaftlich geprägten Welt. Frankfurt/M. 2006; Peter Janich: Konstruktivismus und Naturerkenntnis. Auf dem Weg zum Kulturalismus. Frankfurt/M. 1996; Peter Janich: Die Kulturalistische Wende. Zur Orientierung des philosophischen Selbstverständnisses. Frankfurt/M. 1998.

ließe es sich z.b. wissenschaftspolitisch auch als ein Verhältnis der Immanenz fassen: Wer etwa unter Gesichtspunkten eines europäischen Hochschulraumes Philologien und Sozialwissenschaften unter dem Dach der Kulturwissenschaften zusammenbinden will, kann argumentieren, Landeskunde sei in jedem Fall kulturimmanent. Eine umgekehrte Argumentation, Landeskundeimmanenz der Kulturwissenschaften, dürfte über die zentralen Gesichtspunkte Transkulturalität und Fremdperspektive hinaus nur schwer aufzubauen sein. Darüber hinaus hat die Kulturimmanenz den Vorteil der Institutionalisierung auf ihrer Seite. Die Beschreibung der *Immanenz* ist ganz offensichtlich wissenschaftsstrategisch und -politisch. Dagegen muss der Beschreibungsansatz nach *Wechselbeziehungen* als wissenschaftspolitisch neutral betrachtet werden; er beschreibt, insinuiert aber keine wissenschaftspolitischen Handlungsoptionen.

Überzeugender als das neutrale Erklärungsmodell *Wechselbeziehungen* und das wissenschaftspolitische Modell *Immanenz* zur Charakterisierung des Verhältnisses von Landeskunde und Kulturwissenschaft(en) erscheint angesichts der im Verlauf der Studie deutlich gewordenen *Ähnlichkeiten* der drei Wissenschaftskonzeptionen die aus der Sprachphilosophie Wittgensteins kommende Lehre der „Familienähnlichkeit". Auf das Verhältnis von Landeskunde, Kulturwissenschaft und Kulturwissenschaften trifft zu, was Wittgenstein in den *Philosophischen Untersuchungen* (postum erstmals erschienen 1953[83]) für den Sprachgebrauch (bei Wittgenstein: *Sprachspiele*) formuliert: „so können wir [...] Ähnlichkeiten auftauchen und verschwinden sehen. [...] ein kompliziertes Netz von Ähnlichkeiten, die einander übergreifen und kreuzen. Ähnlichkeiten im Großen und Kleinen. [...] Ich kann diese Ähnlichkeiten nicht besser charakterisieren, als durch das Wort ‚Familienähnlichkeiten'".[84] Wittgenstein macht metaphorischen Gebrauch des Begriffsbestandteiles Familie, interessiert ihn doch nicht eine Abstammungsbeziehung, sondern gerade und lediglich eine Ähnlichkeitsrelation. Bei näherer Betrachtung von Phänomenen, die mit demselben Begriff bezeichnet werden, kann man feststellen, dass eine Eigenschaft auf jedes Phänomen zutrifft. Im Sprachgebrauch kann es sich aber ergeben, dass der generelle Begriff auch unabhängig von dieser Eigenschaft vorkommt. Familienähnliche Begriffsverwendung ist damit eine Frage des Aposteriori.

---

[83] Ludwig Wittgenstein: Philosophische Untersuchungen. Kritisch-genetische Edition. Hrsg. von Joachim Schulte. Frankfurt/M. 2001.
[84] Ebd., S. 787.

Bleibt aber die Frage nach der Begründung für eine Begriffsverwendung – in unserem Fall die dringende Frage nach einer schlüssigen Begründung für die Verwendung von Landeskunde, Kulturwissenschaft bzw. Kulturwissenschaften. Wir haben die Genese der Konzepte nachgezeichnet, und es ist deutlich geworden, dass die jeweilige Begriffsverwendung disziplinären Traditionen und Gepflogenheiten folgt. Von Letztbegründungen für den Gebrauch von Termini sieht Wittgenstein als Sprachphilosoph ab; im 84. Abschnitt seiner *Philosophischen Untersuchungen* spricht er von einem infiniten Regress, der Ergebnis solcher Versuche sei. Statt tiefster Einsichten in die Begründung der Verwendung eines allgemeinen Terminus (es würde Ähnlichkeit mit Ähnlichkeit erklärt) nimmt Wittgenstein Abstand vom Erklären und schlägt als neue Methode des Philosophierens vor: „Alle Erklärung muß fort, und nur Beschreibung an ihre Stelle treten."[85] Eine solche Beschreibung haben wir für Landeskunde, Kulturwissenschaft und Kulturwissenschaften vorgenommen. Es hat sich gezeigt, dass jeweils ein Wort für verschiedene Dinge verwendet wird, z.B. *Landeskunde* für sprachinhärente Vermittlung, Landeskunde als literaturwissenschaftlich basierte Kulturwissenschaft (etwa Nünning), Landeskunde als kulturwissenschaftliche Forschungspraxis (Altmayer), Landeskunde als transkulturelle Xenologie (Wormer). Oder *Kulturwissenschaft* für eine etablierte geisteswissenschaftliche Disziplin (Literaturwissenschaft, Theaterwissenschaft jeweils als Kulturwissenschaft) bzw. für eine übergeordnete Disziplin (Suprawissenschaft mit oder ohne Leitfunktion); in einem solchen Verständnis wäre dann etwa Theaterwissenschaft keine Einzelkulturwissenschaft, sondern *die* Kulturwissenschaft schlösse die Theaterwissenschaft ein. Oder schließlich *Kulturwissenschaften* für die früheren Geisteswissenschaften, für Geistes- und Sozialwissenschaften (Jauß, Mittelstraß), oder als neue Einheitswissenschaft unter Einschluss gar der auch kulturell charakterisierbaren Naturwissenschaften (Janich).

Das Verhältnis von Landeskunde, Kulturwissenschaft und Kulturwissenschaften lässt sich also nach einer gewissen Regelmäßigkeit des Gebrauchs der drei generellen Termini als Familienähnlichkeit beschreiben. Familienähnlichkeit ist für Wittgenstein logisch dann ein hinreichendes Kriterium für die Verwendung eines generellen Terminus, wenn es dies nach dem Sprachgebrauch ist. Seiner Auffassung nach reicht es aus, die Verständigung dadurch zu sichern, dass generelle Termini im Sprachgebrauch familienähnlich verwendet werden.

---

[85] Ebd. S. 809.

Familienähnlicher Sprachgebrauch zeigt sich sowohl in der Verwendung der jeweiligen generellen Termini Landeskunde, Kulturwissenschaft und Kulturwissenschaften als auch unter dem Gesichtspunkt der Familieneinheit „Kultur", auf die sich alle drei generellen Termini beziehen (Ähnlichkeiten von Themen, Methoden etc.). Nicht zuletzt hat die Studie aber auch die Richtigkeit der Wittgensteinschen Auffassung deutlich belegt, dass die untersuchten Termini und Konzepte im Sprachgebrauch eine Mannigfaltigkeit und eine Unbestimmtheit statt einer Exaktheit aufweisen. Landeskunde, Kulturwissenschaft und Kulturwissenschaften haben sich in der erfolgten Beschreibung ihrer Genese und ihrer Konzepte gezeigt als „ein kompliziertes Netz von Ähnlichkeiten, die einander übergreifen und kreuzen".[86]

Neben den Ähnlichkeiten haben sich aber auch signifikante Unterschiede in den drei Konzepten gezeigt: Philologie zu Sozialwissenschaften, übergeordnete Disziplin versus Disziplinenensemble, unterschiedliche Institutionalisierungsgrade, unterschiedliche Geltung im Wissenschaftsleben etc. Auch kann der Terminus Kultur wohl als Fokus, aber eher nicht als notwendig gemeinsamer Wesenskern der Wissenschaftskonzepte von Landeskunde, Kulturwissenschaft und Kulturwissenschaften beschrieben werden. Um Letztere stehe es nicht gut, resümiert Böhme[87] im Gegensatz zu den 1991 noch ganz optimistisch formulierenden Frühwald, Mittelstraß und Jauß.[88] Böhme konstatiert erhebliche Übersetzungsprobleme zwischen hochkomplexen Kulturwissenschaften und der „allgemeinen Medienkultur". Im weiteren beklagt er, „dass die historisch viel zu oft auf Länderkulturen zugeschnittenen Kulturwissenschaften in einer globalisierten Welt gewissermaßen den Rahmen ihrer Anwendung verloren haben. Man bedarf des stärkeren Ausbaus von Querschnittsfächern, die theoretisch und methodisch in der Lage sind, komparatistische und transkulturelle Problemfelder zu erforschen und den interdisziplinären Dialog zu moderieren, der zwischen regionalen und globalen, nationalen und internationalen, aber auch zwischen synchronen und diachronen Forschungsfragen vermitteln kann."[89] Böhme hat mit dieser Forderung die von ihm skizzierte Disziplin Kulturwissenschaft im Visier, Wormer hat für die fremdsprachenphilologische Landeskunde eine wissenschaftliche Grundlegung in der Perspektive einer

---

[86] Ebd., S. 787.
[87] Böhme, Stufen [wie Anm. 78], S. 13.
[88] Frühwald et al., Geisteswissenschaften [wie Anm. 1], S. 15ff. und S. 45ff.
[89] Böhme, Stufen [wie Anm. 78], S. 13.

transkulturellen Querschnittswissenschaft vorgelegt.[90] Es wird auf die weitere wissenschaftspolitische Ausrichtung im europäischen Hochschulraum und auf hochschul-, kultur- und integrationspolitische Grundentscheidungen der nächsten Jahre ankommen, ob den etablierteren neuen Kulturwissenschaften mit ihrer tendenziellen Binnenperspektive oder der in ihrer Bedeutung gelegentlich unterschätzten und noch nicht breit etablierten und institutionalisierten, aber seit Jahrzehnten auf die Fremdperspektive und neuerdings wissenschaftsbasierte Kulturkommunikation spezialisierten Landeskunde Vorrang zukommen wird. Die Realisierung des laufenden nationalen Integrationsplanes in Deutschland etwa ist dafür ein nicht unwesentlicher Prüfstein.

---

[90] Siehe u. a. Wormer, Landeskunde als Wissenschaft [wie Anm. 6]; Wormer, Theorie [wie Anm. 44]; Wormer, Transkulturelle Kompetenz [wie Anm. 43].

Wolfgang Hieber

10 Thesen zum Kulturbegriff am praktischen Beispiel des Online-Projekts KALEIDOSKOP – ALLTAG IN DEUTSCHLAND (www.kaleidos.de)

MÖCHTEN Sie wissen
wie Menschen in Deutschland
leben, denken und fühlen?
Wie sie ihren ganz normalen Alltag verbringen?
Was sie tun,
was ihnen Sorgen macht,
und was sie interessiert?
Schauen Sie bei uns herein,
und machen Sie mit
beim Er-Lebens-Austausch:
„Alltag in meinem Land"

Am Anfang des Online-Projekts *Kaleidoskop – Alltag in Deutschland* stand die ganz leibhaftige, körperlich-sinnliche Erfahrung des Eintauchens in geographisch recht weit von Europa entfernte Alltagspraktiken: Indien, China, Japan.[1] Es handelt sich also um einen empirischen Ansatz, sich mit Alltagsleben zu beschäftigen – mit allen fünf Sinnen sozusagen. Tut man dies mit voller Intensität, so fühlt man sich schnell z.B. Bourdieus „Theorie

---

[1] Das Online-Projekt KALEIDOSKOP – ALLTAG IN DEUTSCHLAND (www.kaleidos.de): Interviews, Fotos, O-Ton, Video, Texte, interaktive Übungen etc. reihen sich kaleidoskopartig zu Schlaglichtern aus dem Alltagsleben. Die Website hat derzeit einen Umfang von 9 Themenblöcken mit insgesamt 105 Themen. Adressaten sind Deutschlehrende und -lernende im In- und Ausland, aber auch Muttersprachler in Deutschland, d.h. alle, die an einem Kultur-Dialog oder an aktiver Kulturvermittlung interessiert sind. Gerade in einer Zeit des europäischen und weltweiten Zusammenwachsens möchte „Kaleidoskop" ein Portal der Verständigung und des Miteinanders sein.

der Praxis" nahe,² oder auch Alfred Schütz' Soziologie des Alltags – weitergeführt in der Forschungsrichtung der Ethnomethodologie.³ Aktuell finden sich viele Anregungen im praxeologischen Ansatz von Bruno Latour.⁴ All diesen Impulsen liegt der Gedanke zu Grunde, dass das Soziale, das Psychische, das Körperliche sowie die Welt der Dinge sich letztlich nicht separieren lassen und dass Kultur somit eine „mehrschichtige Ganzheit" ist – wie ein lebendiger Organismus, der sich in einem permanenten Prozess der Veränderung befindet, oder ein großes „Gewebe", wie es Clifford Geertz – in Anlehnung an Max Weber – ausdrückte, als er Kultur eine Art „selbstgesponnenes Bedeutungsgewebe"⁵ nannte.

Der Autor dieses Projekts ist, wenn man so will, „Kulturarbeiter". Also einer, der zu den „Machern" gehört. Alle diese „Macher" kreieren gewissermaßen „Felder der Begegnung". Das Webprojekt *Kaleidoskop – Alltag in Deutschland* möchte eine solche Begegnungsplattform sein.⁶ Es geht hier um das ganz Normale, Selbstverständliche, Alltägliche. Aber was ist normal, alltäglich? Das ist, bezogen auf Deutschland, doch recht unterschiedlich – schon für Menschen innerhalb Deutschlands, erst recht aus der Sicht der anderen europäischen oder außereuropäischen Länder.

Zu den 10 Thesen

Sie richten sich an Lehrende und Lernende im Rahmen der sog. Landeskunde. Die Fragen sind: Was soll Landeskunde vermitteln? Welches Verständnis von „Kultur" liegt ihr zugrunde? Welches „Deutschlandbild"? Die Thesen sollen kurz skizzieren, in welche Richtung sich *Kaleidoskop* – was

---

[2] Pierre Bourdieu: Die feinen Unterschiede: Kritik der gesellschaftlichen Urteilskraft, Frankfurt a.M ²1988.

[3] Alfred Schütz, Thomas Luckmann: Strukturen der Lebenswelt, Frankfurt a.M. 1979.

[4] Bruno Latour: Eine neue Soziologie für eine neue Gesellschaft. Einführung in die Akteur-Netzwerk-Theorie. Frankfurt a.M. 2007.

[5] Clifford Geertz: Dichte Beschreibung. Beiträge zum Verstehen kultureller Systeme. Frankfurt/M. ²1991, S. 9: „Ich meine mit Max Weber, daß der Mensch ein Wesen ist, das in selbstgesponnene Bedeutungsgewebe verstrickt ist, wobei ich Kultur als dieses Gewebe ansehe".

[6] Der Autor (Wolfgang Hieber) konnte in diesem Projekt seine Erfahrungen als Journalist (Rundfunk, BR; Buchautor von Büchern über den Alltag in China und den Alltag in Indien), als Kulturwissenschaftler (interkulturelle Kommunikation, 9 Jahre Universitätslektor in Indien, China und Japan) sowie als Pädagoge und Didaktiker (Unterrichtstätigkeit im Bereich Deutsche Sprache und Kultur, Lehrbuchautor) verbinden.

den Kulturbegriff betrifft – positioniert. Die beigefügten Anmerkungen erläutern jede These zuerst mit möglichst allgemein verständlichen Erläuterungen (eher gerichtet an „Unterrichtspraktiker" und „User"), gefolgt von kulturwissenschaftlichen Anmerkungen und einem pointierten „Aufruf" (als richtunggebendes Signal).

These 1

Die Lebensform jeder einzelnen Person erhält ihre Prägung durch eine Vielfalt von geographischen Zugehörigkeiten. Weil diese Zugehörigkeiten grenzüberschreitend sind, ist Kultur nichts Festes oder klar Abgrenzbares.

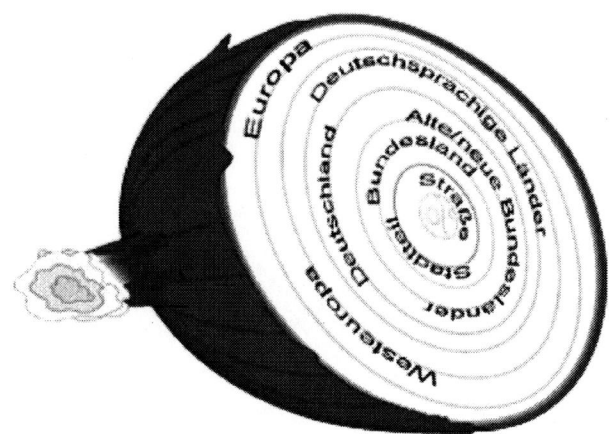

Die geographische Zwiebel

„Wo ist Ihre Heimat?" Diese Frage ist gar nicht so leicht zu beantworten. Ein Beispiel: Der Vater kommt aus Hamburg, die Mutter aus Italien. Oder Menschen wechseln ihren Wohnort innerhalb Deutschlands, sie ziehen von Berlin nach Frankfurt. Oder ins Ausland. Und schon haben sie zwei oder noch mehr „Heimaten". Oder Migrantenkinder werden in Deutschland geboren, wachsen hier auf und sind „Deutsche".

Der Ruf nach kultureller Homogenität und „Reinheit" entlarvt sich als unerfüllbar und wirklichkeitsfremd. Er schafft ein Konstrukt, das leider immer wieder propagiert und zu politischen Zwecken instrumentalisiert wird. In einem Bild: der Zugehörigkeiten-Mix schichtet sich auf wie die

Schalen einer Zwiebel (Straße, Stadtteil, Stadt, Region, Bundesland, Nation, Sprachgemeinschaft, Kontinent etc.).[7] Zugehörigkeiten verändern sich und überlagern sich.
Beachtet den Plural der geographischen und regionalen Zugehörigkeiten! Baut keine Grenzen auf, wo keine sind! Bekennt euch zu vielen Heimaten!

These 2

Jedes Individuum definiert sich durch gesellschaftliche Zugehörigkeiten. Manche sind vorgegeben (z.b. Generation), andere frei gewählt (z.b. Beruf, Freizeitgruppe). Ihre Zusammensetzung ist sehr vielfältig und variabel.

Der Fragenberg

Im Alltag stellen wir anderen gern viele Fragen. Wir möchten wissen, wo Menschen hingehören, wo sie ihre „Heimaten" haben. Sie sind in einem Elternhaus aufgewachsen, haben eine Schule (Lehre, Berufsausbildung) absolviert, sie fühlen sich einer Berufsgruppe zugehörig, einer Religion, einer bestimmten Altersgruppe (Generation) usw. All diese Zugehörigkeiten schichten sich zu einem Berg auf, der unsere Position in der Gesellschaft, bzw. unser „kulturelles Profil" ausmacht.[8]

Das „kulturelle Profil" eines Menschen ist immer eine bestimmte Kombination aus verschiedensten Zugehörigkeiten. Auch hier ist also der Plural

---

[7] Vgl. http://www.kaleidos.de/alltag/meinung/heim05.htm (11.07.2008).
[8] Vgl. http://www.kaleidos.de/alltag/meinung/heim06.htm (11.07.2008).

angebracht. Der Ruf nach Grenzen, Abgrenzungen, Einordnungen ist zwar immer da, aber bei genauerem Hinsehen verschwimmen die Grenzen, überlagern sich und sind sehr fluide. Sie bilden sich, ändern sich und lösen sich wieder auf. Besser ist es also, „wir folgen den Wegen der Akteure und beginnen unsere Reise mit den Spuren, die ihre Aktivität der Gruppenbildung und -auflösung hinterlässt".[9]
Lassen wir die Akteure selbst sprechen! Folgen wir dem Mix ihrer Zugehörigkeiten! Vermeiden wir voreilige und falsche Vereinfachungen und Kategorisierungen!

These 3

Wir alle sind „kulturelle Mischwesen". Eine Änderung in den Lebensumständen führt zwangsläufig auch immer zu einer Veränderung des jeweiligen kulturellen Profils („mehrschichtige Ganzheit").

Millionen von Menschen wechseln die Länder, das Internet kennt keine Landesgrenzen mehr, und die Wirtschaft lebt vom Austausch mit anderen Ländern. Läßt sich überhaupt noch genau sagen, was „deutsch" ist?[10] Der VW Golf, dessen Teile aus 22 Ländern bezogen werden? Der Volksstamm der Bayern, der aus der Vermischung unzähliger anderer Volksstämme entstanden ist? Wie können wir von „den" Deutschen sprechen, wenn jeder Mensch seine ihm ganz eigene Zugehörigkeiten-Kombination, sein ihm eigenes kulturelles Profil hat? (s. *Kaleidoskop* / Menschen).

Das Bild der Wurzel (die Wurzelmetapher) hält sich hartnäckig. Losungen wie „Zurück zu den Wurzeln!" oder der Begriff „Leitkultur" beruhen auf dieser Vorstellung (Homogenität der Kultur). Kultur, so denkt man, sei wie ein Baum, der alle seine Kraft zentral aus der Wurzel holt.

In den letzten Jahrzehnten sind für Kultur eher andere Bilder wichtig geworden.[11] Sie betonen die Vernetzung und Vielfalt (Diversität, Pluralität):

---

[9] Latour, Soziologie [wie Anm. 4], S. 53
[10] Vgl. http://www.kaleidos.de/alltag/meinung/ausl04.htm (11.07.2008).
[11] Anil Bhatti: Aspekte gesellschaftlicher Diversität und Homogenisierung im postkolonialen Kontext. Anmerkungen aus Indien. In: „Postkoloniale" Konflikte im europäischen Kontext. Hrsg. Von Wolfgang Müller-Funk und Birgit Wagner. Wien 2005 (= Reihe Kulturwissenschaften 8.4) , S. 15: „Die Verteidigung der Heterogenität bedeutet, dass wir letztendlich die trennenden Merkmale der Homogenisierung (Rasse, Ethnie, Sprache) nicht als zwingende substantielle Unterscheidungsmerkmale für jene gesellschaftliche Organisationsform, die wir Nation nennen, betrachten."

Kultur ist vielschichtig wie ein Palimpsest, sie lebt und wächst wie ein Rhizom (z.B. der Ingwer), sie ist vergleichbar mit den vielen Fäden eines Gewebes oder mit den vielen Stimmen in einer Fuge von Bach.[12]
Versteht Pluralität als Reichtum! Seht mehr den einzelnen Menschen als Nationalitäten! Erkennt, dass wir alle kulturelle Mischwesen sind!

These 4

Kultur ist prozesshaft-dynamisch. Sie ist kein monolithischer Block, keine fixierbare „Nationalkultur". Der Begriff „kulturelle Identität" ist daher ein äußerst fragwürdiges Konstrukt.

Von „Identität" wird viel gesprochen und geschrieben. Politiker verwenden das Wort gern: Haben die Ostdeutschen auf Grund der Teilung Deutschlands nach 1945 eine „eigene Identität"? Wie kann jede Region Europas ihre „Identität" in der Europäischen Union bewahren?

Was ist mit diesem Wort gemeint? Das Wort Identität suggeriert Unveränderlichkeit und Status quo. Aber weder das Personen-Ich, noch die Nation, noch der „Kulturkreis" sind feste Größen oder gar einschichtig. Sie sind in sich jeweils eine Vielheit, ohne klar markierbare Grenzen, und in ständiger Veränderung und Verbindung mit anderem.[13] Aber die Diskussion hält an. Bildhaft gesprochen: Ist Identität eine Festung, eine Puppe in der Puppe, ein Fluss oder gar eine Fata Morgana?[14]

Seid vorsichtig mit dem Begriff Identität! Engt euch selbst und andere nicht zwischen festen Mauern ein! Seht die lebendigen Einflüssen!

---

[12] Vgl. http://www.kaleidos.de/alltag/meinung/heim07.htm (11.07.2008).
[13] Vgl. hierzu Amartya Sen: Die Identitätsfalle. Warum es keinen Krieg der Kulturen gibt. München 2007.
[14] Vgl. http://www.kaleidos.de/alltag/meinung/heim04.htm (11.07.2008).

These 5

Kultur lebt von „Feldern der Begegnung". Authentische Materialien (Orte, Personen, Meinungen, Welt der Dinge, Diskurse etc.) sollen ein Angebot zu Aneignung, Dialog und Austausch sein. Wichtige Orte dieser Begegnung sind z.b. auch Foren im Internet.

Im Lauf der Jahre hat sich *Kaleidoskop* zu einem länderübergreifenden Portal für den Austausch von Alltagserfahrungen entwickelt. Besonders Jugendliche (z.b. Schulklassen) beteiligen sich. In bisher über 8000 Forumsbeiträgen geht es um Alltag in Deutschland, aber genauso um „Alltag in meinem Land" (europäisch und außereuropäisch). (s. *Kaleidoskop* / Forum)

Kultur ist ein Prozess und ständiger Austausch. Wir geben Anregungen und wir holen uns Anregungen. Über alle Länder- und sog. Kulturkreis-Grenzen hinweg. *Kaleidoskop* möchte in diesem Sinn ein „Feld der Begegnung" sein. Die Menschen vor Ort (sei es in Deutschland oder außerhalb) können authentischer von ihrem Alltag berichten, als die eigentlichen Akteure. Und das Web (noch mehr das sog. Web 2.0 und die Social Software) bietet das Kommunikationspotenzial. *Kaleidoskop* lebt und wächst also durch die Zu- und Mitarbeit vieler.

Macht mit beim Austausch von Alltagserfahrungen! Schreibt eure Berichte im Forum! Berichtet von eurem Alltag!

These 6

Elementare Themen vermitteln die „Selbstverständlichkeiten" des Alltags. Was aber für die einen Normalität, ist für andere das Ungewohnte. Dies gilt es, als Einheit von Sozialem, Psychischem, Körperlichem und Dingwelt erfahrbar zu machen.

Die Türklingel am Hauseingang, der Frühstückstisch, das Verkehrs- oder Hinweisschild, der Supermarkt, das Graffiti an der Hauswand usw. sind gewissermaßen „Tat"-Orte. Hier passiert etwas. Zum Bereich der elementaren Themen gehören auch Themen, die Orientierungswissen in einer nichtbekannten Umgebung vermitteln: Müllcontainer, Autokennzeichen, der Gang zum Arzt usw.

Forum

Navigation: Forenliste · Neues Thema · Suche			
Aktuelle Seite: 1 von 56 **Zur Seite:** 1 2 3 4 5 6 7 8 9 10 11 ...Ende nächste Seite			
Thema	**Beiträge**	**begonnen von**	**Letzter Beitrag**
▸ Rauchen	1	Brigitte Wildenhoff, Bonn, Deutschlan	26.06.08 02:55 Letzter Beitrag von Brigitte Wildenhoff, Bonn, Deutschlan
Ich finde es richtig das Kinder und Jugentliche geschützt werden sollen. Von daher wäre ich auch für ein Rauchverbot in Discotheken, die eh schon meist schlecht belüftet sind. Ebewnso fänd ich es für Speiselokale über Tag in Ordnung, weil sich auch da häufig ganze Familiein ,also auch Kinder, an zu treffen sind. aber Abends haben Kinder und Jugendliche in Restaurants und erst recht in Kneipen nic [...]			
▸ Geschmak, Musik	1	Nino Tbilissi Georgien	24.06.08 11:10 Letzter Beitrag von Nino Tbilissi Georgien
Ich bin Nino.Ich kann ohne Musik nicht leben.Am meisten hore ich Rock und Rap. 50 CENT oh wie nett ist er.Und Rammstein ist super wer liebt auch Rammstein"ohne dich kann ich nicht sein"ich bin Fan und Sie nicht [...]			
▸ Rituale, Geburtstag	1	Nino Tbilissi Georgien	24.06.08 10:42 Letzter Beitrag von Nino Tbilissi Georgien
Ich habe geburtstag am 23.November.Ich feiere immer mein Geburtstag.Schade,ich bekomme wenige Geschenken.Als 18 Jahre wurde nur ein Geschenk bekommen habe.Das ist schreklich.Einmal hat meine Tante ein Bild geschenkt.Diese Sache steht jetzt auf dem Schreibtisch.Ich will sehr ein Computer bekommen oder ein Ticket nach Italien. [...]			
▸ Mein Zimmer besteht nur aus Blumen!!!	1	Klaus	22.06.08 19:54 Letzter Beitrag von Klaus
Mein Zimmer ist 5 qm groß. Es hat keine Fenster und keine Tür, Ihr wollt bestimmt wissen wie ich in mein Zimmer rein komme, aber das verrate ich euch nicht, sonst werdet ihr noch neidisch! Also zu meiner Zimmerbeschreibung: unter meinem Fenster stehen 20 Blumen und neben den 20 Blumen stehen 30 Blumen und neben den 30 Blumen stehen wieder 20 Blumen. Wo ich schlafe? Also ich schlafe einfach auf de [...]			
▸ Geschmack, Essen	1	Eduardo	21.06.08 03:12 Letzter Beitrag von Eduardo
Hallo aus Brasilien! Ich heiße Eduardo und ich bin 18 Jahre alt. Morgens esse ich ein Brot und trinke einen Orangensaft. Mittags esse ich ein Rindersteak, Pommes frites und trinke ein Glas Wasser.			

Forum im Internet

Mit Dingen, Objekten, Geräten etc. („nicht-menschliche Wesen") stehen wir in engem Austausch. Sie sind Beteiligte an der Handlung. Bruno Latour verweist auf die Vielfalt der Objekte und fordert, sie als Akteure stärker mit zu berücksichtigen (s. *Kaleidoskop* / „Tat"-Orte / Geschmack / Orientie-

10 Thesen zum Kulturbegriff 145

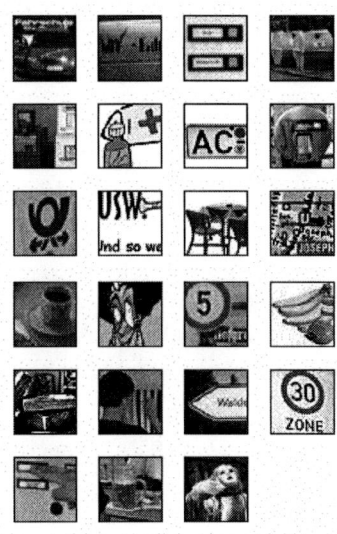

rung; nebenstehende Abbildung zeigt die Icons auf der Sub-site „*Tat*"-*Orte*).[15]

Seht euch Orte des Alltags genau an! Auch Objekte und Dinge sind Akteure! Folgt ihren Spuren!

These 7

Irritationen sind ein wichtiges Signal dafür, dass uns etwas auffällt, wundert, ärgert usw. Bei kontrastierender Gegenüberstellung können Irritationen die Genese von Urteilen, Meinungen und Stereotypen bewusst machen.

Deutschland-Besucher schildern ihre ersten Irritationen: nach der Ankunft, auf der Straße, beim Kontakt mit Menschen, beim Essen, in der Familie usw. Worüber haben Sie sich gewundert? Was hat sie irritiert? Im Forum werden alle diese Berichte gesammelt und fließen wieder zurück zu den einzelnen Themen (s. *Kaleidoskop* / Eindrücke. Die Abbildung unten zeigt die Icons auf dieser Sub-site).

Irritationen sind interessante Signale. Sie brechen festgefahrene Wahrnehmungsmuster auf. Unsere Aufmerksamkeit fällt dann auf etwas Unbekanntes und Unerwartetes und wir kategorisieren es als „fremd", „seltsam", „störend" oder „erstaunlich". Weil erste Eindrücke, je nach Beobachterperson, sehr unterschiedlich und widersprüchlich ausfallen,

---

[15] Latour, Soziologie [wie Anm. 4], S. 127 (über Objekte): „Selbstverständlich gibt es sie, doch man verschwendet keinen Gedanken an sie, keinen sozialen Gedanken. [...] Als hinge ein Fluch über den Dingen, verbleiben diese schlafend wie die Dienerschaft eines verwunschenen Schlosses." Vgl. auch Bruno Latour: Das Parlament der Dinge. Für eine politische Ökologie. Frankfurt a.M. 2001.

wächst das Interesse an den Beobachtenden selbst. Ihr Ausgangspunkt ist das für sie „Normale", das, was sie kennen und für „richtig" halten.

Merkt euch, was euch in einem anderen Land am ersten Tag aufgefallen ist! Geht den Ursachen dieser Irritationen auf den Grund! Entdeckt, wie Klischees entstehen!

These 8

Alltagstelegramme – wie z.B. Tagesabläufe, Lebensläufe, „Tat"-Ort-Fotos, Kurzinterviews usw. – protokollieren, was im Alltagsleben abläuft. Je genauer die einzelnen Schritte angegeben sind, umso wirkungskräftiger wird das Materialangebot für den Prozess der Aneignung.

Wie läuft ein Fest ab? Wie ein Ritual? Was tue ich Tag für Tag, von morgens bis abends? Mit welchen Dingen habe ich in meiner Wohnung oder am Arbeitsplatz zu tun? Es geht um die ganz alltäglichen Vorgänge und Tätigkeiten, die wir bewusst meist gar nicht mehr wahrnehmen (s. *Kaleidoskop* / Feste und Rituale / Alltagstelegramme. Nebenstehende Abbildung zeigt die Icons auf der Sub-site *Rituale und Feste*).

Alltäglich-Selbstverständliches genauestens beschreiben, ja in den einzelnen Schritten und Abläufen penibel protokollieren, liefert den Stoff, durch den wir uns in Menschen mit ihren Tätigkeiten und Absichten hineinfühlen. Die Welt der Dinge und Gefühle inklusive. „Beschreiben,

aufmerksam für den konkreten Sachverhalt sein", schreibt Bruno Latour, „den einzigartigen adäquaten Bericht einer gegebenen Situation finden, das erschien mir stets als äußerst anspruchsvoll".[16]
Folgt den einzelnen Schritten und Abläufen! Seht euch genauestens an, was sich im Alltagsleben tagtäglich wiederholt!

These 9

Die Präsentation einer Vielfalt von Meinungen und Perspektiven zum gleichen Thema verhindert voreilige Generalisierungen. Bei der Themenauswahl rücken globale Themen in den Vordergrund. Sie betonen nicht die „Kulturunterschiede", sondern verbindende Gemeinsamkeiten.

Der Themenblock „Meinungen" ist eine lebendige Plattform für den Austausch. Zu jedem Thema werden Meinungen in ihrer ganzen widersprüchlichen Breite präsentiert. Nur so wird deutlich: Es gibt nicht „die" Meinung „der" Deutschen zu einem Thema. Es gibt viele Meinungen, schon innerhalb Deutschlands. Über die Forumsbeiträge kommen Meinungen aus aller Welt hinzu. Auf diese Weise entsteht ein grenzübergreifendes Kaleidoskop der Meinungen (s. *Kaleidoskop* / Meinungen. Nebenstehende Abbildung zeigt die Icons auf dieser Sub-site).

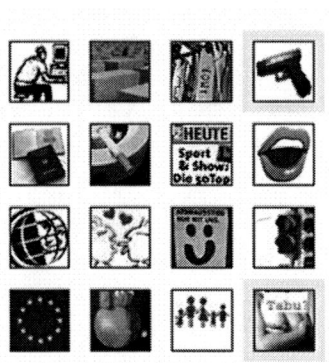

Landeskunde betonte früher gern die Grenzen und das Unterscheidende. Hier das „Eigene", dort das „Fremde". Diese Grenzen haben, genauer besehen, selten Bestand. Es gibt viel „Fremdes" im „Eigenen" und viel „Eigenes" im sog. „Fremden". Und alles ist in ständiger Bewegung und Veränderung. „Zeigen Sie mir einen Standpunkt", so Bruno Latour, „und ich werde Ihnen zwei Dutzend Wege zeigen, um ihn zu verändern".[17]

---

[16] Latour, Soziologie [wie Anm. 4], S. 249 oder Latour, Parlament [wie Anm. 15], S. 239: „Ein guter Text sollte in einem guten Leser folgende Reaktion auslösen: ‚Mehr Details, bitte, mehr Details.' [...] nicht um Reduktion geht es, sondern um Irreduktion. Wie Gabriel Tarde nie müde wurde zu wiederholen: ‚Existieren heißt differieren'."

Hört euch die Meinungen der anderen an! Bleibt beweglich und offen! Findet Wege, um miteinander auszukommen! Entdeckt das Verbindende!

These 10

Im Zeitalter einer immer enger zusammenwachsenden Welt nimmt das Gewicht globaler Aneignungstechniken zu. Ihr Aktionsfeld ist ein Themenvorrat, der – in permanenter Veränderung – aus globaler Vernetzung entsteht. „Landeskunde" hat so mit „Erkundung" zu tun: selbst auf Entdeckungsreise gehen und „die operative Kunst des Aneignens" praktizieren.

Kaleidoskop lädt unter „Webcams und Cityinfos" zu einer Online-Reise durch über 80 Städte Deutschlands ein. Die User gehen auf virtuelle Reisen. Ebenso wird bei den anderen über 100 Themen die ganze, ständig wachsende Palette der landeskundlich interessanten Angebote im Web durch ausgesuchte Links mit einbezogen. Wer möchte, kann seinen Erkundungsradius nahezu unbegrenzt ausweiten (s. *Kaleidoskop* / Webcams und Cityinfos).

Assoziationen, Verknüpfungen, Netzwerke ergänzen so die linearen Vorgehensweisen. Es sind für die Landeskunde neue, medienadäquate Aneignungstechniken: selbst erkundend, assoziativ, vernetzt. Das scheinbar unkontrollierte Hin- und Herspringen wird oft von der Pädagogik alter Schule als unproduktiv und verwirrend abgewertet. Aber selbstentdeckendes Lernen hat seine Berechtigung, denn auch unser Gehirn arbeitet nicht linear, sondern assoziativ-verknüpfend.

Geht auf Entdeckungsreise! Folgt neuen und unbekannten Wegen! Erkundet Deutschland!

Neue Arbeitsfelder für die Kulturwissenschaften

Abschließend zwei Gedanken zu möglichen neuen Arbeitsfeldern der Kulturwissenschaften. Sie kommen aus der Sicht des Praktikers, des „Kulturarbeiters".

---

[17] Latour, Soziologie [wie Anm. 4], S.251; Latour, Parlament [wie Anm. 15], S. 360: „Wie viele umlaufende Klischees müssen wir absorbiert haben, bevor wir die Kompetenz besitzen, eine Meinung über einen Film, einen Gefährten, eine Situation, eine politische Einstellung zu äußern?"

Zum einen: Warum sollten die Kulturwissenschaften, weil Kultur ja etwas Prozesshaft-Dynamisches ist und nie wirklich fixierbar, sich nicht aktiv an der Errichtung von „Feldern der Begegnung" beteiligen? An der Entwicklung von Websites als „Plattformen der Begegnung"? Und warum sollten sie nicht ihrerseits diese Plattformen genau unter die Lupe nehmen, um zu sehen, wie hier der Prozess der kulturellen Produktion abläuft (z.B. Foren, Blogs, Videos etc.)? Es geht dabei um Techniken für die „operative Kunst der Aneignung" und um Strategien des entdeckenden Lernens.[18]

Zum anderen: Wenn sich ein großes Arbeitsfeld für die Kulturwissenschaften abzeichnet, dann ist es wohl die Arbeit am Miteinander-Auskommen aller im Kulturprozess Beteiligten. Es geht um die Beseitigung von Störfeldern und Reibungspunkten. Um Hilfen für das Miteinander. Fast könnte man – alltagssprachlich ausgedrückt – sagen: um die Qualitäten guter „Kultur-Mediziner". Gerade diese neue Aufgabe wird – im Zeitalter der globalen Vernetzung – sicher an Bedeutung gewinnen.

---

[18] Bhatti, Aspekte [wie Anm. 11], S. 13: „multilinguale und plurikulturelle Formationen, die noch dazu stark vernetzt sind, entwickeln eher eine operative Kunst des Aneignens anstatt einer Hermeneutik des Verstehens. In solchen Gesellschaften geht es dann gewissermaßen eher darum, mit einander auszukommen als einander zu verstehen."

Jürgen Joachimsthaler / Eugen Kotte

Kulturwissenschaft(en) in der Diskussion
Versuch einer Bilanz

Aus unterschiedlichen Fächern und interdisziplinären Erfahrungsfeldern nähern sich die Beiträge dieses Bandes auf verschiedenen Diskursebenen dem Thema „Kulturwissenschaft(en)". Dabei wird nicht die Zielsetzung einer harmonisierenden Zusammenschau verfolgt, sondern es stehen Austausch und Diskussion z.T. divergierender Positionen im Vordergrund. Entsprechend wurden die Aufsätze auch so angeordnet, dass Gegensätze zwischen den einzelnen Standpunkten nicht überdeckt, sondern gezielt offengelegt werden: Während Wolfgang E. J. Webers in seinem aus kulturgeschichtlichem Blickwinkel geleistetem, einführendem Überblick über Schulen, Methoden und Tendenzen der „Kulturwissenschaft(en)" in begründeter Weise eine partiell kritische Würdigung verschiedener linguistischer, narrativer, ikonographischer, performativer und raumbezogener Impulse vornimmt, sind einige andere Beiträge unverkennbar einzelnen dieser „turns" (z.T. durchaus skeptisch) verpflichtet (z.B. Katharina Keim, Jürgen Joachimsthaler, Eugen Kotte und – in ganz anderer, rein praxisorientierter Weise – Wolfgang Hieber). So wird eine Bandbreite unterschiedlicher Positionen deutlich, durch die „Kulturwissenschaft(en) in der Diskussion" aufgezeigt und Einsichten in Kontroversen ermöglicht werden.

Die in diesem Spannungsfeld angesiedelten Positionen korrespondieren nahezu unausweichlich mit jeweiligen disziplinären Spezifika, durch die fachabhängig Methoden und Sichtweisen, analytische Werkzeuge, Termini, semantische Zubereitungen von „Welt" und „Kultur" und damit auch Wertungen als relevant und plausibel in die Diskussion eingebracht werden. So verlangt Weber etwa „eine stringent sozialwissenschaftliche Lösung" kulturwissenschaftlicher Fragen, während Keim ebenso selbstverständlich erklärt:

„Im Rahmen der gegenwärtig zu verzeichnenden kulturwissenschaftlichen Orientierung der Geisteswissenschaften nimmt die Theaterwissenschaft nicht zufällig eine federführende Stellung ein." Die nicht ausschließlich, aber eben auch durch die unterschiedlichen disziplinären Zusammenhänge der Beiträge motivierten unterschiedlichen Verständnisse von „Kultur", „Welt" und „Geschichte" und somit von „Kulturwissenschaft(en)" schließen sich hingegen nicht aus, sondern dienen als Basis einer auf wechselseitiges Verständnis ausgerichteten Diskussion. So können Widersprüche ausgehalten, Polyvalenzen verhandelt, Gegensätze ausgetauscht, aber auch Gemeinsamkeiten festgestellt werden.

Mit diesem abschließenden „Versuch einer Bilanz" nun soll die Bandbreite des diskursiven Feldes „Kulturwissenschaft(en)" (soweit sie durch den Band widergespiegelt werden kann) zumindest ansatzweise aufgezeigt werden. Dabei sollen die verschiedenen Herangehensweisen etwas gebündelt werden, ohne eine kollektive Sichtweise kreieren zu wollen – dieser Versuch soll für die weitere Diskussion hilfreich sein, mit Sicherheit aber wird er sie nicht beenden.

Ausgangspunkt der Überlegungen über „Kulturwissenschaft(en)" ist aufgrund deren offenen Charakters zwangsläufig die von Fall zu Fall unterschiedlich beantwortete Frage, ob darunter überhaupt ein Fach, ein Ensemble mehrerer Fächer, „ein Forschungsparadigma und [...] selbstreflexive und kulturkritische Bestrebungen in einer ganzen Reihe etablierter Disziplinen" (Jörg Wormer) oder ein bloßer Diskursraum verstanden werden soll, der sich womöglich zu einer neuen fachlichen Einheit formiert in einem „Prozess der Auflösung einer heterogenen Disziplinenpluralität und in gewissen Hinsichten -rivalität hin zur Formierung einer programmatisch und methodisch hinreichend nach außen abgegrenzten und intern zunehmend geschlossenen Disziplin ‚neuen Typs' bzw. eines entsprechenden Disziplinarfeldes" (Wolfgang E. J. Weber).

Voraussetzung dafür wäre allerdings die Bewältigung erheblicher Disparitäten, die sich bereits in unterschiedlichen Verständnissen des Begriffs „Kulturwissenschaft(en)" andeuten. Dabei steht wissenschaftlich geschultes Denken neben sich dem kulturellen Alltag öffnender Anwendungsorientierung.

Teilweise und manchmal durchaus maßgeblich erwachsen aus Missstimmigkeiten, Gefühlen des Ungenügens und des Unbefriedigtseins mit dem Erkenntnisangebot der etablierten einschlägigen Disziplinen, hat sich ein starker Trend dahingehend gebildet, dass methodische historische Kulturbefassung unmittelbarer und ausschließlicher als herkömmlicher Weise zugestanden, individueller und kollektiver Therapie zu dienen habe (Wolfgang E. J. Weber).

Wolfgang E. J. Weber lehnt dies mit schlüssiger und nachvollziehbarer wissenschaftlicher Begründung ab, während Wolfgang Hieber als anwendungsorientierter Praktiker im Kulturwissenschaftler sehr wohl einen „Kultur-Mediziner" sieht. Die Richtung, in die für Hieber diese „Heilung" gehen soll, ist freilich so fern von rein akademisch angelegten kulturwissenschaftlichen Ansätzen nicht: Auch Weber insistiert auf der Reflexion von Machtverhältnissen, während es Hieber um jene Überwindung mononationaler und monokultureller Einseitigkeiten und habitualisierter Vorurteilsmuster geht, die – in unterschiedlichster Weise – als eine der grundlegenden Intentionen aller Beiträge dieses Bandes zu beobachten ist.

Vermutlich besteht in dieser Frage sogar eine zentrale wissenschaftsethische Gemeinsamkeit der „neueren Kulturwissenschaft(en)", durch die sie sich deutlich von älteren Ansätzen der Kulturgeographie und Kulturgeschichte unterscheidet: Nicht umsonst versucht Katharina Keim „die sich anbahnende kulturwissenschaftliche Perspektivierung der Geisteswissenschaften primär in einem sozio-politisch motivierten Wandel des Kulturbegriffs in jüngerer Zeit zu verorten. Mit dem Ende der ideologischen Spaltung Europas nach 1990 sind nicht nur die Definitionskriterien von Nationalität völlig obsolet geworden, auch haben die Problematiken der Globalisierung und Migration mit ungeahnter Vehemenz ins Alltagsleben Einzug gehalten." Ob Katharina Keim Beispiele interkultureller Theaterarbeit vorstellt, Jürgen Joachimsthaler Nationen mit dem im Zuge ihrer Konstruktion Ausgeschlossenen konfrontieren möchte, Eugen Kotte dekuvrierend aufzeigt, wie die Nationen „[i]n Abgrenzung zu den historischen Entwicklungen benachbarter Länder und Nationen [...] die Mythifizierung der jeweils eigenen Vergangenheit besonders wirksam" hervorhoben, „während die Leistungen der anderen unter Nutzung negativer Stereotype herabgewürdigt wurden", Frank Schuster verlangt, „[d]ie nationalen Metahistorien hinter sich zu lassen", oder Jörg Wormer eine das jeweils ‚Eigene' relativierende Fremdperspektive anmahnt – Nationen (und Kulturen überhaupt) werden nicht mehr als Gegebenheiten von ontologisch unhinterfragbarer Substantialität begriffen, sondern als relative Produkte historischer, sozialer bzw. eben kultureller Entwicklung, die im vergleichenden Blick ihren Anspruch auf Privilegiertheit verlieren und ihre Relativität als ihr Gemeinsames offenbaren. Der „Kultur-Innenraum" (Joachimsthaler) wird vermessen, damit der ihn einschließende kulturelle Horizont überschritten werden kann und die Irritation (Hieber) des jeweils „Anderen" für relativierende Selbst- und Fremderkenntnis gleichermaßen fruchtbar wird.

> Weil aber Semiosphären als Bewusstseinsräume nicht so einfach verlassen werden können wie reale Räume durch die nächste Tür, ist solches Heraustreten nur in Form einer selbstreflexiven Infragestellung eigener Vorstellungsmuster möglich (Joachimsthaler).

Aus einer derartigen Position werden die jeweils unterschiedlichen Herangehensweisen an diese Erkenntnisaufgabe in all ihrer Verschiedenheit evident. Die Untersuchung der Geschichtskultur (Kotte) z.B. kann sich in strukturell durchaus analoger Weise auf Quellenmaterialien stützen wie die gedächtnisorientierte Archäologie des Erinnerns (Schuster); ihre Methoden in der spannungsgeladenen Schnittmenge zwischen Literatur- und Geschichtswissenschaft können einander sehr ähnlich sein, und doch können Erkenntnisinteresse und Herangehensweise zu Ergebnissen mit unterschiedlichen Einfärbungen führen: Wird kulturelle Überlieferung betrachtet als Zeugnis von Geschichtskonstruktion oder werden umgekehrt Geschichtskonstruktionen aufgegriffen als Zeugnisse anders nicht mehr greifbarer Gedächtnisfäden aus einer uneinholbaren Vergangenheit? Derartige Ansätze schließen sich keineswegs aus, sie sind durchaus kompatibel und ergänzen einander, indem sie in gegenseitiger Akzeptanz wechselwirksame Zuarbeit ermöglichen.

Offensichtlich ist es im Experimentierfeld der „Kulturwissenschaft(en)" möglich, dass die einzelnen Fächer, Methoden und Schulen in Komplementarität so miteinander kooperieren, dass sie Anregungen und Materialien auch für jeweils disziplinspezifisch eigene Forschungsprobleme erhoffen können. Und dennoch ist Konkurrenz (die ja nicht prinzipiell negativ bewertet werden muss) nicht nur aus hochschul- und verteilungspolitischen Gründen dem

Miteinander der Fächer inhärent, sondern auch als Wettstreit um die Deutungshoheit über gemeinsame Gegenstände. Die Frage, ob das Ensemble der vielen „Kulturwissenschaften" der Möglichkeit einer einzigen „Kulturwissenschaft" vorzuziehen wäre oder umgekehrt, müsste, würde es sich bei dieser Frage tatsächlich um eine ausschließende Alternative handeln, schon deshalb die vielen Disziplinen (in Kooperation wie Konkurrenz) bevorzugen: Denn nur in den Fächern gibt es definierte Gegenstandsbereiche und Methoden, den großen Schatz generationenübergreifender Forschung und oft über Jahrhunderte hinweg angeeigneten Wissens, nur die Konkurrenz der Fächer treibt sie im geistigen Wettkampf zum Miteinander an, nur ihre Vielfalt macht die Vorstellung eines gemeinsamen Wissenschaftsfeldes fruchtbar und sinnvoll.

> [S]ollte das Projekt Kulturwissenschaften scheitern, so blieben etablierte Disziplinen mit erweiterter Perspektive und Konvergenzpotential; sollte das Projekt Kulturwissenschaft scheitern, scheiterte der Versuch einer Disziplingründung (Jörg Wormer).

Freilich ist grundsätzlich unumstritten, dass die Methoden einer einzelnen Disziplin kaum noch ausreichen können, alle relevanten Gegenstände analytisch angemessen zu erfassen und aufzubereiten. Ausdruck findet dieses Bewusstsein, im eigenen Spezialistentum quasi eingesperrt, von den eigenen Fähigkeiten zugleich beschränkt zu sein, in der Offenheit vieler Fächer für jene „turns" die seit dem „linguistic turn" als methodische Innovationswellen die Wissenschaftslandschaft regelmäßig verändern. Ihr interdisziplinärer Impetus geht einher mit der Privilegierung einer oft bis in die Terminologie hinein vorgeformten Darstellungs- und Untersuchungsweise, mit deren Hilfe fortan nach Möglichkeit *alle* Gegenstände ihrer Perspektive unterworfen werden können. Der jeweils neue Ansatz selbst kann befruchten, anregen, neue Originalität freisetzen, die Einseitigkeit hingegen, mit der von Seiten den Moden hinterher denkender Wissenschaftsepigonen oft versucht wird, ihm mit einer alles überziehenden Einheitsterminologie mit immer denselben Phrasen und Formulierungen *alles* zu unterwerfen, als handelte es sich bei ihm um die nun endlich universal *alles* erklärende Weltformel, kann (und muss) abschrecken. Die „turns" erscheinen durch solche falschen Freunde und Nachbeter in einem fast karikaturhaft wirkenden Zerrspiegel, der ihrer produktiven Qualität freilich nicht gerecht wird, diese aber nach außen hin erfolgreich überdecken kann. So ist eine unterschiedliche Wertung der „turns" auch in diesem Band unvermeidlich. „Als Blickverengung und somit Herausforderung oder sogar Störfaktor historisch-kulturwissenschaftlicher (inter-)disziplinärer Strukturbildung können dagegen die diversen ‚turns' der jüngsten Vergangenheit und Gegenwart eingeschätzt werden", warnt Weber, während Joachimsthaler hervorhebt, dass „[d]iese ‚turns' [...] die Selbstverständlichkeit in Frage [stellen], mit denen ganze Gegenstandsbereiche bisher als einfach nur ‚gegeben' hingenommen wurden. Nicht so sehr der Gegenstand als die Gegenstandskonstitution rückt dabei in den Blick."

Auch im Rahmen der in diesem Band versammelten Beiträge sind die „turns" von grundlegender Bedeutung. Dabei kann es nicht um enzyklopädische Vollständigkeit gehen, sehr wohl aber um exemplarische Verdeutlichung. Katharina Keim zentralisiert den „performative turn", der sie nicht allein als theoretische Angelegenheit interessiert, sondern auch als eine in der Theaterpraxis spielerisch umsetzbare Technik kultureller Selbstreflexion:

> In der Wiederholbarkeit des performativen Sprechakts liegt nämlich auch die Möglichkeit begründet, ihn von den ihn stützenden Konventionen abzulösen und damit letztlich auch die Strukturen, auf denen sein Gelingen vorher basierte, fundamental zu verändern. Dieser, als „Resignifikation" bezeichnete Vorgang, lässt die Idee eines vorgängigen Systems dahin schwinden zugunsten der Akzentuierung einer pragmatischen Dimension, die weder auf ein sozial ermächtigtes noch identifizierbares Subjekt rückführbar ist.

Jürgen Joachimsthaler stützt sich für sein Konzept des „Kultur-Innenraums" auf den „spatial turn", der es ihm erlaubt, die Konstitution einander überlagernder sinntragender Bedeutungsräume in den Blick zu nehmen, während Eugen Kotte den „linguistic turn" für historiographische Metareflexion nutzbar macht: „Jede Reflexion von Geschichte steht unter dem Zwang der Wahl vorausgesetzter Interpretationsstrategien".

(Bedeutungs-)Raum und Geschichte, so das unausgesprochen gemeinsame Ergebnis dieser Beiträge, sind immer auch Ergebnis von Konstruktion und Inszenierung. Im Verhältnis produktiver Irritation dazu steht Frank Schusters Versuch, mit der Gehirnforschung eine anthropologisch-biologische Ebene als Referenzbasis einzubeziehen, die den Konstruktionscharakter von Geschichte und Kultur nicht in Frage stellt, aber doch an dessen Grenzen erinnert:

> Dieser „memory turn" hat Klio wahrscheinlich noch mehr verwirrt, als die bereits genannten, denn die bisherigen Erkenntnisse der Hirnforschung haben gezeigt, wie ‚unzuverlässig' das Gedächtnis und damit die Erinnerung sind.

Die wohl unbeendbare Debatte um die Zugänglichkeit eines Außerkulturellen spielt im vorliegenden Band zwar keine zentrale, im Subtext aber doch eine unübersehbare Rolle, wobei sich erkenntnistheoretische Skepsis mit vorsichtiger Vermeidung einseitiger Extrempositionen mischt: „Absoluter Kulturalismus hat [...] zu bedenken: Die völlig Kappung des ‚Außerhalb' stützt das innerkulturell für gültig Geltende." (Joachimsthaler) Letztlich bleibt das Außerkulturelle für die „Kulturwissenschaft(en)" das, was jenseits ihrer Grenze liegt; sie können es mit ihren Methoden nicht erfassen, es aber auch gerade deshalb nicht aus dem Kreis dessen entlassen, worüber zu spekulieren sie bei jedem Versuch, sich selbst zu definieren, nicht umhin kommen.

Der bereits eingeübte Blick auf durchaus analoge kulturelle Alteritätsmuster im Zusammenhang mit Nationalität oder Identität und dem Umgang von Kulturen mit dem „Fremden" macht es „Kulturwissenschaft(en)" freilich möglich, die Fragestellung nach ihrem „Anderen" im „Außerhalb" der Kultur als einen Akt der Selbsterkenntnis zu etablieren – wie ja überhaupt innerkulturelle Selbstreflexion eigentliche Domäne der „Kulturwissenschaft(en)" ist. Dazu gehört die Einsicht, dass in der auch retrospektiven Optik der „Kulturwissenschaft(en)" auf relativierende Dimensionen des „Eigenen" (wie den Nationalismus) das jeweilige kulturelle Umfeld nicht ausgespart werden kann:

> Der historische Roman ist damit auch eine wichtige Quelle der Zeitgeistforschung, die sich bemüht, verbreitete geschichtsbezogene Deutungen – hier des 19. Jahrhunderts –, motiviert aus Gegenwartserfahrungen und relevant für Zukunftsentwürfe, zu erforschen (Kotte).

Selbstverständlich gilt dies auch für das aktuelle kulturelle Umfeld der Kulturwissenschaft(en). Sie sind Teil des kulturellen Feldes, das sie erforschen.

> Was unabdingbar erscheint und ungeachtet aller Schwierigkeiten in gewisser Weise bereits in Entwicklung begriffen ist, ist eine Einigung aller Beteiligten auf einen situationsgemäß breiten, aber dennoch zumindest eine Leitperspektive konstituierenden Begriff von Kultur bzw. Kulturwissenschaft, der die „theoretische" wie die „praktische" Dimension einbezieht (Weber).

„Parallel zum ‚performative turn' der Theaterwissenschaft ist das Aufkommen einer multilingualen Theaterkultur zu konstatieren", „das Konzept kultureller Hybridität" (Keim) stellt die „zentralen Aspekte der Identität und Alterität" (Weber) bis in die Feuilletons hinein öffentlichkeitswirksam dar, an die Stelle überkommener monokultureller Selbstentwürfe treten in der kulturellen Praxis Ästhetiken der Vielfalt und Poetiken des Nebeneinander, ein „transdisziplinäres und transkulturelles Miteinander" (Wormer).

> Kultur ist vielschichtig wie ein Palimpsest, sie lebt und wächst wie ein Rhizom [...], sie ist vergleichbar mit den vielen Fäden eines Gewebes oder mit den vielen Stimmen in einer Fuge von Bach (Hieber).

Dass Kultur als Text, Geschichtsschreibung als Erzählung, Identität als Inszenierung beschreibbar wird, läuft parallel mit Änderungen der dominanten Ästhetik, die im Zuge des Aufbrechens eingefahrener formaler Gewöhnlichkeiten den kulturellen Selbstwahrnehmungsrahmen ebenfalls als konstruiert und damit veränderbar erkennen lassen. Drei Zitate aus unterschiedlichen Texten dieses Bandes, unvermittelt hintereinander gesetzt, mögen dies belegen:

> An die Stelle stabiler Innen-Außen-Gegensätze treten verschiebbare Wände mit gleitendem Mobiliar, das sich zu immer neuen Kombinationen und Strukturen ordnen lässt, so dass zwar kaum *alles* in *jedem* Raum vorkommen wird, aber doch in *mehreren gleichzeitig möglichen*. Damit werden Kultur-Innenräume „Spielfelder", die um die Arbitrarität ihrer Beschaffenheit wissen und gerade deshalb für ihre Bewohner, letztlich also für sich selbst, frei verfügbar sind (Joachimsthaler).

> Gleichzeitig erschließt dieses Konzept von unverkennbar dekonstruktivistischer Provenienz dem Individuum mit seinen multiplen Identitäten neue Möglichkeiten der Verortung im Raum der Kultur(en). Kulturelle Praxis kann hier zum Experimentierfeld neuer sozialer Realitäten avancieren und ihre performative Dimension ausspielen (Keim).

> Assoziationen, Verknüpfungen, Netzwerke ergänzen so die linearen Vorgehensweisen. Es sind für die Landeskunde neue, medienadäquate Aneignungstechniken: selbst erkundend, assoziativ, vernetzt. Das scheinbar unkon-

trollierte Hin- und Herspringen wird oft von der Pädagogik alter Schule als unproduktiv und verwirrend abgewertet. Aber selbst-entdeckendes Lernen hat seine Berechtigung, denn auch unser Gehirn arbeitet nicht linear, sondern assoziativ-verknüpfend (Hieber).

Im Ergebnis „ist Kultur nichts Festes oder klar Abgrenzbares" (Hieber) mehr, dem „Zugehörigkeiten-Mix" (Hieber), als den sich ihre Angehörigen erfahren, entspricht ein stark erweitertes analytisches wie praktisches Handwerkszeug für Kulturtheorie, Kulturanalyse, Kulturdidaktik und Kulturpraxis. Diesem Zusammenhang wird die zweite Tagung des Projekts „Kulturwissenschaft(en) als interdisziplinärtes Projekt" in Heidelberg im Herbst 2008 nachgehen.

Autorenverzeichnis

Dr. Wolfgang Hieber, Lehrbuchautor und Betreiber der Internetseite Kaleidoskop – *Alltag in Deutschland* (www.kaleidos.de).

Dr. Jürgen Joachimsthaler, Literaturwissenschaftler am Seminar für Deutsch als Fremdsprachenphilologie der Ruprecht-Karls-Universität Heidelberg.

Dr. Katharina Keim, wissenschaftliche Mitarbeiterin im Bereich Theaterwissenschaft an der LMU München.

Prof. Dr. Eugen Kotte, Leiter des Bereichs Didaktik der Geschichte mit dem fachlichen Schwerpunkt Neuere und Neueste deutsche und europäische Geschichte im Institut für Geschichte und Historische Landesforschung an der Hochschule Vechta.

Dr. Frank M. Schuster, DAAD-Lektor und Dozent am Lehrstuhl für Literatur und Kultur Deutschlands, Österreichs und der Schweiz an der Uniwersytet Lódź (Polen).

Prof. Dr. Wolfgang E. J. Weber, geschäftsführender Wissenschaftlicher Sekretär und Direktor des Instituts für Europäische Kulturgeschichte an der Universität Augsburg.

Dr. Jörg Wormer, Geschäftsführer des Dekanats der Philosophischen Fakultät für Sprach- und Literaturwissenschaften an der LMU München.

Neuerscheinungen zu den Kulturwissenschaften:

Kulturgeschichte als Kulturkritik
Nachfragen bei Georg Steinhausen
(Forum Kulturwissenschaften 7)
Von Lars Deile
2008, 448 Seiten, Paperback, Euro 59,90/104,00 CHF, ISBN 978-3-89975-674-6

Im biographischen Rahmen fragt die Studie nach Möglichkeiten und Grenzen der Entfaltung von Kulturgeschichtsforschung gegen Ende des Kaiserreichs und sucht nach fruchtbaren Ansätzen für gegenwärtige Diskussionen über Kulturgeschichte und Kulturwissenschaften.

John Steinbeck, Dorothea Lange und die Große Depression
Sozialkritik in Literatur und Fotografie
(Forum Kulturwissenschaften 3)
Von Evelyn Runge
2006, 192 Seiten, Hardcover, Euro 25,90/44,40 CHF, ISBN 978-3-89975-579-4

Die Große Depression der 1930er Jahre war Thema vieler Kunstwerke, darunter John Steinbecks Roman *Früchte des Zorns* und Dorothea Langes Fotografie *Migrant Mother*. Evelyn Runge zeigt, wie Literatur und Fotografie Sozialkritik üben.

Bild, Materialität, Rezeption
Fotografien von Martin Gusinde aus Feuerland 1919–1924
(Forum Kulturwissenschaften 6)
Von Marisol Palma
2008, 341 Seiten, Paperback, Euro 48,90/85,00 CHF, ISBN 978-3-89975-649-4

Die Studie beschäftigt sich zunächst mit materiellen Aspekten der Fotografie. Darauf aufbauend folgt die Untersuchung einzelner Fotografien, die Martin Gusinde unter den Yámana, Selk´nam und Alakaluf aufnahm, im historischen Kontext oder in Verbindung mit einander. Schließlich widmet sich die Autorin der Zirkulation und Rezeption der Fotografien ab den 1970er Jahren.

Ihr Wissenschaftsverlag. Kompetent und unabhängig.

Martin Meidenbauer »

Verlagsbuchhandlung GmbH & Co. KG
Erhardtstr. 8 • 80469 München
Tel. (089) 20 23 86 -03 • Fax -04
info@m-verlag.net • www.m-verlag.net